Rec

Thomas Feller

FIRST
Editions

ISBN : 978-2-7540-1742-8

Dépôt légal : 2e trimestre 2010
Imprimé en Italie
Édition : Aurélie Starckmann
Mise en page : **ReskatoЯ**
Conception couverture : Olivier Frenot

Éditions First
60, rue Mazarine
75006 Paris
Tél. : 01 45 49 60 00
Fax : 01 45 49 60 01
E-mail : firstinfo@efirst.com

Site internet : www.editionsfirst.fr

Introduction

«Manger pas cher?
– Si ça signifie gras et insipide, merci, non.
– Manger pas cher et bon?
– Ah, mais ça change tout!»

En période difficile, c'est un défi quotidien à relever. Et c'est possible! Il suffit d'obéir à certaines règles.

Tout d'abord, il est nécessaire de respecter les saisons de vos produits frais. Acheter des fraises en hiver, cela vous fera peut-être plaisir, à vous, à votre famille ou à vos invités, mais ça peut vous coûter les yeux de la tête. En préférant des produits de saison, vous profiterez sans doute de promotions ou de prix intéressants. Privilégiez la proximité avec le producteur : sur les marchés, les fruits et légumes produits par les paysans de votre région seront sûrement moins chers et d'aussi bonne qualité (sinon meilleure) que les produits de supermarché.

Ne boudez pas les surgelés : certains produits de bonne qualité (comme les légumes verts) peuvent vous faire réaliser des économies. Les supermarchés asiatiques, indien ou du Moyen-Orient renferment aussi souvent de bons produits à des prix concurrentiels (comme les légumes secs, les amandes, les pistaches, les épices, le lait de coco, les crustacés surgelés...).

La deuxième règle consiste à faire les choses soi-même. Acheter une pâte à tarte toute faite coûte environ 8 euros le kilo, la faire soi-même vous reviendra à environ 3,50 euros le kilo. Faites le calcul vous-même pour des carottes râpées. Je vous promets que vous renoncerez définitivement aux barquettes toutes prêtes. Sans compter que faire soi-même est beaucoup plus valorisant!

La dernière règle simple est de ne pas gâcher. Si vous êtes 4 à table, ne prévoyez pas pour 12. Pour un menu complet, une entrée doit faire en moyenne de 80 g à 100 g; un plat principal (viande ou poisson), environ 120 g. Pour la garniture, 180 g à 200 g sont suffisants. Enfin, pour les desserts, on prévoit 120 g à 150 g et, pour le fromage, 60 g par personne. Comptez une baguette pour 4 personnes et vous ne manquerez pas.

Vous trouverez dans ce livre des recettes pour toutes sortes d'occasions : pour 2 ou pour 8, en famille, pour faire la fête, ou pour se donner envie de voyager. Elles sont accompagnées d'idées de menus qui peuvent vous aider à faire un choix. Alors, bon appétit, le cœur et le porte-monnaie légers : car bien manger sans se ruiner ne fait peut-être pas le bonheur, mais ça y contribue !

À DEUX
RECETTES ROMANTIQUES SANS TROP DE FRIC

•

Entrées

TARTES FINES DE SARDINES ET MESCLUN

2 pers. **Préparation : 25 min** **Cuisson : 2 h 25**

1 aubergine • 6 cuil. d'huile d'olive • 1 gousse d'ail • 1 rouleau de pâte feuilletée • 4 sardines levées en filets par votre poissonnier • 50 g de mesclun • sel • poivre

Réalisation

Avec une fourchette, piquez l'aubergine sur toute la longueur et enfournez-la pendant 2 heures à 190 °C (th. 6-7). Coupez-la en 2 dans le sens de la longueur puis, à l'aide d'une cuillère, récupérez la chair que vous mélangerez avec la gousse d'ail épluchée et hachée, du sel, du poivre et la moitié de l'huile d'olive. Découpez dans la pâte feuilletée 2 ronds au diamètre de 15 cm. Enfournez la pâte feuilletée à 200 °C (th. 6-7) pendant 15 minutes en mettant une grille par-dessus afin qu'elle ne lève pas (la pâte doit être dorée). Sur votre pâte feuilletée, étalez un peu d'aubergine, disposez par-dessus les filets de sardines et enfournez à nouveau pendant 10 minutes. Sortez vos tartes fines du four, disposez-les sur des assiettes puis décorez avec le mesclun assaisonné d'un peu d'huile d'olive, de sel et de poivre.

Notre conseil : pour gagner du temps, vous pouvez acheter du caviar d'aubergine tout prêt.

SALADE DE ROQUETTE, TUILES DE PARMESAN

2 pers. **Préparation : 10 min** **Cuisson : 10 min**

150 g de roquette • 1 douzaine de tomates cerises • 2 cuil. à soupe de pignons de pin • 2 cuil. à soupe de vinaigre balsamique • 6 cuil. à soupe d'huile d'olive • 80 g de parmesan entier • sel • poivre

Réalisation

Râpez le parmesan. Préchauffez le four à 200 °C (th. 6-7). Mettez une feuille de papier sulfurisé sur votre plaque de four, déposez dessus de petits tas de parmesan (environ 1 cuillère à soupe) et étalez-les pour avoir une épaisseur de 1 à 2 mm. Enfournez pendant 10 minutes. Le parmesan va fondre et former

des tuiles qui doivent dorer. Retirez-les du four et enlevez-les de la plaque afin qu'elles cessent de cuire. Laissez refroidir avant de servir.
Pendant ce temps, mélangez dans un bol sel, poivre, vinaigre et huile d'olive. Lavez et essorez la roquette. Coupez les tomates cerises en 4. Faites griller dans une poêle les pignons de pin. Dès qu'ils commencent à colorer, retirez-les immédiatement de la poêle. Dans un saladier, mélangez les ingrédients de la salade et servez avec les tuiles de parmesan.

Notre conseil : vous pouvez ajouter dans cette salade des billes de mozzarella, des tomates confites, des morceaux d'artichauts à l'huile…

SALADE DE FENOUIL ET D'ORANGE À LA SAUGE

2 pers. **Préparation : 15 min**

1 bulbe de fenouil • 2 oranges • 4 feuilles de sauge • 6 cuil. à soupe d'huile d'olive • sel • poivre

Réalisation

Retirez les tiges vertes du fenouil, ainsi que la première côte. Coupez-le en 2 dans le sens de la longueur, puis tranchez-le le plus finement possible. Épluchez à l'aide d'un couteau les oranges pour retirer toute la peau blanche. Coupez-les ensuite en tranches. Mélangez les tranches d'orange et le fenouil. Assaisonnez de sel, de poivre, de feuilles de sauge hachées et d'huile d'olive.

Notre conseil : si vous le désirez, vous pouvez ajouter dans cette salade quelques graines de cumin ou d'anis. Si vous ne trouvez pas de sauge, remplacez-la par du cerfeuil ou du persil plat.

SOUPE DE COURGETTE AU FROMAGE FRAIS

2 pers. **Préparation : 10 min** **Cuisson : 25 min**

2 courgettes • 1 tablette de bouillon de volaille • 1 gousse d'ail • 1 oignon nouveau • 1 botte de ciboulette • 2 cuil. à soupe d'huile d'olive • 4 morceaux de fromage frais • sel • poivre

Réalisation

Éboutez puis coupez en rondelles les courgettes. Dans une grande casserole, faites chauffer l'huile d'olive puis faites revenir les courgettes avec l'ail et l'oignon hachés. Au bout de 5 à 10 minutes de cuisson, couvrez d'eau, ajoutez la tablette de bouillon, le sel et le poivre. Portez à ébullition et laissez cuire pendant 10 minutes. Les courgettes doivent être cuites (la pointe d'un couteau doit pouvoir s'y enfoncer sans rencontrer de résistance). Coupez alors le feu, ajoutez le fromage et mixez longuement afin d'obtenir une soupe homogène. Vérifiez l'assaisonnement puis terminez en ajoutant la ciboulette hachée.

Notre conseil : vous pouvez varier cette soupe en utilisant divers types de fromages frais : Kiri®, La Vache qui rit®, Saint-Môret® ou Petit Billy®.

CRÈME DE LENTILLES ET POIVRON

2 pers. **Préparation : 10 min** **Cuisson : 25 min**

1 poivron rouge • 100 g de lentilles corail • 1 oignon • 1 gousse d'ail • 1 pincée de curry • 1 tablette de bouillon de volaille • 2 cuil. à soupe de crème fraîche épaisse • sel • poivre

Réalisation

Retirez le pédoncule, les graines et les membranes blanches se trouvant à l'intérieur du poivron et coupez-le en morceaux. Rincez les lentilles sous l'eau froide. Dans une grande casserole, rassemblez le poivron, les lentilles, l'oignon et la gousse d'ail hachés, le curry, le bouillon de volaille, salez et poivrez. Couvrez d'eau, portez à ébullition et laissez cuire pendant 20 à 25 minutes. Mixez longuement la soupe afin d'obtenir un mélange homogène et servez dans des assiettes creuses ou des bols. Terminez en mettant au milieu 1 cuillère à soupe de crème fraîche épaisse.

Notre conseil : vous pouvez remplacer une partie de l'eau par du lait de coco et terminer en ajoutant un peu de coriandre fraîche hachée.

FEUILLETÉS DE CAROTTE

2 pers. **Préparation : 10 min** **Cuisson : 40 min**

1 rouleau de pâte feuilletée • 400 g de carottes • 1 tablette de bouillon de volaille • 25 g de comté • 1 jaune d'œuf • 20 cl d'eau • sel • poivre

Réalisation

Coupez le bout des carottes puis épluchez-les. Coupez-les en rondelles et mettez-les dans une casserole avec 20 cl d'eau et le bouillon de volaille. Portez à ébullition et laissez cuire jusqu'à ce que le jus de cuisson soit évaporé.

Pendant ce temps, coupez 4 carrés de pâte feuilletée de 10 cm de côté. Badigeonnez-les à l'aide d'un pinceau de jaune d'œuf et enfournez à 200 °C (th. 6-7) pendant 15 minutes. Il faut que la pâte dore et lève. Écrasez alors les carottes à l'aide d'un presse-purée ou d'un moulin à légumes muni d'une grille large. Salez, poivrez et ajoutez le comté râpé. Lorsque la pâte a tiédi, ouvrez en 2 et garnissez l'intérieur de purée de carotte avant de servir.

Notre conseil : servez cette entrée avec un coulis de champignons ou d'asperges. Faites cuire des champignons blancs ou des asperges (environ 100 g) dans 15 cl de crème fraîche. Mixez le tout après l'avoir fait bouillir pendant 5 à 6 minutes puis passez au travers d'un tamis avant d'assaisonner.

Plats

PAPILLOTE DE POISSON

2 pers. **Préparation : 10 min** **Cuisson : 20 min**

2 filets de poisson blanc du type colin, lieu jaune ou cabillaud • 4 cuil. à soupe d'huile d'olive • 1 échalote • quelques brins de cerfeuil • ½ citron jaune • sel • poivre

Réalisation

Effeuillez le cerfeuil et mettez-le dans un bol avec le jus de citron, l'huile d'olive, du sel et du poivre. Épluchez et hachez l'échalote et ajoutez-la à cette sauce. Préchauffez le four à 190 °C (th. 6-7).

Sur une grande feuille de papier sulfurisé, déposez au centre les filets de poisson. Arrosez généreusement avec la sauce et fermez hermétiquement la papillote. Déposez-la sur le lèchefrite et enfournez pour 20 minutes.

Notre conseil : servez donc ce plat avec du riz vapeur ou des pâtes fraîches. Par ailleurs, vous pouvez enrichir la sauce en y ajoutant 2 cuillères à soupe de crème fraîche liquide.

AILES DE POULET FERMIER À L'ESTRAGON

2 pers. **Préparation : 10 min** **Cuisson : 15 min**

2 ailes de poulet fermier • 3 cuil. à soupe d'huile végétale • 5 brins d'estragon • 5 cl de vin blanc • 1 échalote • 10 cl de crème fraîche liquide • 1 cuil. à café de moutarde de Dijon • sel • poivre

Réalisation

Épluchez et hachez l'échalote le plus finement possible. Effeuillez et hachez l'estragon. Dans une poêle, faites chauffer l'huile. Faites ensuite griller le poulet de chaque côté à feu moyen pendant environ 5 minutes. Retirez la viande de la poêle et mettez-y l'échalote, remuez pendant 2 à 3 minutes afin qu'elle devienne translucide. Versez le vin et laissez réduire presque à sec. Ajoutez alors la crème, l'estragon, la moutarde, le poulet, un peu de sel et de poivre. Portez à ébullition et laissez épaissir 1 à 2 minutes. Servez aussitôt.

Notre conseil : l'accompagnement idéal pour ce plat : des pâtes fraîches, ou des gnocchis doucement grillés dans une poêle avec un peu de beurre et d'huile.

POULET AU CITRON ET AU MIEL

2 pers. **Préparation : 5 min** **Cuisson : 25 min**

2 cuisses de poulet • 1 noisette de beurre • 2 cuil. à soupe d'huile végétale • 1 citron • 1 cuil. à soupe de miel • 1 pincée de fleur de thym • 2 gousses d'ail • sel • poivre

Réalisation

Coupez le citron en 4. Dans une sauteuse, faites chauffer le beurre et l'huile. Mettez-y à dorer les cuisses de poulet en comptant 5 à 7 minutes de chaque côté. Ajoutez alors les quartiers de citron, les gousses d'ail entières avec la peau, le miel, le thym, du sel, du poivre et un petit verre d'eau. Couvrez et poursuivez la cuisson pendant 5 à 10 minutes en retournant 1 à 2 fois les cuisses de poulet. Retirez le couvercle, laissez encore cuire 5 minutes afin que le jus se concentre un petit peu. Enrobez bien le poulet de sauce et servez aussitôt.

Notre conseil : accompagnez ce plat d'une poêlée de carottes et de riz basmati.

PAPILLOTES DE LAPIN CONFIT

2 pers. **Préparation : 10 min** **Repos : 1 h** **Cuisson : 1 h**

2 râbles de lapin • 1 bouquet d'estragon • 2 cuil. à café de moutarde de Dijon • 15 cl de crème fraîche épaisse • 3 cuil. à soupe de vin blanc sec • sel • poivre

Réalisation

Effeuillez et hachez l'estragon. Dans un bol, mélangez l'estragon avec la moutarde, le vin blanc, la crème fraîche, du sel et du poivre. Disposez les râbles de lapin sur 2 feuilles de papier sulfurisé et arrosez-les généreusement avec la sauce. Salez, fermez les papillotes et laissez-les reposer pendant 1 heure.

Faites ensuite cuire vos papillotes au four à 180 °C (th. 6) pendant 1 heure de sorte que le jus imprègne vraiment la viande. Laissez reposer quelques minutes avant de servir.

Notre conseil : servez ce plat avec des pâtes ou du riz.

TRANCHES DE GIGOT AU THYM ET AU SOJA

2 pers. **Préparation : 5 min** **Cuisson : 15 min**

2 tranches de gigot d'agneau • 1 noisette de beurre • 2 cuil. à soupe d'huile végétale • 1 cuil. à café de miel • 2 pincées de fleur de thym • 1 cuil. à soupe de sauce soja • ¼ de tablette de bouillon de volaille • 10 cl d'eau • sel • poivre

Réalisation

Dans une poêle, faites chauffer la noisette de beurre avec l'huile. Faites ensuite griller la viande en comptant 2 à 3 minutes de chaque côté à feu assez vif. Il faut que la viande grille bien mais reste un peu crue à cœur. Retirez les tranches de gigot de la poêle et couvrez-les de papier aluminium pour les garder au chaud. Dans la poêle, versez alors le miel, la sauce soja, la fleur de thym, le bouillon de volaille et 10 cl d'eau. Portez à ébullition, salez, poivrez et laissez réduire de moitié. Servez les tranches de gigot arrosées de cette sauce.

Notre conseil : servez ce plat avec une purée de céleri, des haricots verts ou des pommes de terre cuites à l'eau.

CABILLAUD DEMI-SEL, SAUCE VIERGE

2 pers. **Prép. : 15 min** **Réfrigération : 1 h** **Cuisson : 10 min**

2 pavés de cabillaud d'environ 150 g pièce • 1 noix de beurre • 200 g de gros sel • 100 g de sucre semoule • 10 tomates cerises • 1 cuil. à soupe d'olives noires à la grecque dénoyautées • 4 brins de basilic • 1 échalote • 6 cuil. à soupe d'huile d'olive • 1 cuil. à soupe de vinaigre de Xérès • sel • poivre

Réalisation

Dans un saladier, mélangez le gros sel avec le sucre. Mettez la moitié dans un plat et posez par-dessus les pavés de cabillaud. Recouvrez les filets de poisson du reste de sel et laissez reposer au réfrigérateur pendant 1 heure. Pendant ce temps, préparez la sauce. Hachez les olives avec l'échalote et les feuilles de basilic. Coupez les tomates cerises en 4. Dans un bol, rassemblez tous les ingrédients et ajoutez l'huile d'olive, le vinaigre de Xérès, du sel et du poivre.

Retirez le cabillaud du sel et passez-le sous l'eau froide. Épongez-le sur du papier absorbant. Dans une poêle, faites cuire le poisson avec la noix de beurre en comptant 3 à 4 minutes de chaque côté à feu moyen. Laissez-le reposer dans la poêle pendant 1 minute avant de servir avec la sauce.

Notre conseil : servez ce cabillaud avec une ratatouille ou un mélange de légumes verts cuits à l'eau (petits pois, brocoli, haricots verts, fèves…).

POULET GRILLÉ AU SÉSAME ET AUX HERBES

2 pers. **Préparation : 10 min** **Cuisson : 10 min**

2 blancs de poulet • 2 cuil. à café de crème fraîche épaisse • 1 cuil. à café de moutarde de Dijon • 1 cuil. à soupe de mélange d'herbes hachées (cerfeuil, persil, thym, ciboulette…) • 2 cuil. à soupe de sésame blanc • 3 cuil. à soupe d'huile végétale • sel • poivre

Réalisation

À l'aide d'un couteau bien aiguisé, incisez l'épaisseur des blancs de poulet pour pouvoir les ouvrir en portefeuille. Dans un bol, mélangez la crème fraîche avec la moutarde, les herbes, du sel et du poivre. Répartissez cette préparation à l'intérieur des blancs de poulet. Refermez les blancs et recouvrez de graines de sésame. Faites chauffer l'huile dans une poêle, faites cuire à feu moyen et à couvert pendant 5 minutes de chaque côté. Salez, poivrez et servez aussitôt.

Notre conseil : vous pouvez ajouter dans la farce à la crème des épices, de l'ail ou de l'échalote haché(e). Par ailleurs, servez simplement ce poulet avec une salade verte.

BROCHETTES DE SAUMON AUX LÉGUMES

2 pers. Préparation : 10 min Cuisson : 15 min

2 pavés de saumon • 4 tomates cerises • 1 oignon rouge • 1 poivron vert • 2 cuil. à soupe de vin blanc • 4 cuil. à soupe d'huile d'olive • sel • poivre

Réalisation

Commencez par couper les pavés de saumon en gros cubes. Épluchez l'oignon et coupez-le en quartiers. Coupez le poivron en 2 après avoir retiré le pédoncule, enlevez les graines et les membranes blanches qui se trouvent à l'intérieur. Détaillez ensuite le poivron en cubes. Sur des piques à brochettes, alternez les cubes de saumon, les morceaux d'oignon et de poivron, et terminez par les tomates cerises.

Disposez les brochettes dans un plat allant au four, arrosez-les de vin blanc, d'huile d'olive, salez, poivrez et enfournez pendant 15 minutes à 200 °C (th. 6-7). Servez aussitôt.

Notre conseil : vous pouvez aussi faire cuire ces brochettes à la poêle. Dans ce cas, faites-les auparavant mariner dans l'huile et le vin pendant 1 heure. À servir avec une ratatouille froide.

PÂTES AUX COQUILLAGES

2 pers. **Préparation : 15 min** **Cuisson : 15 min**

200 g de linguine • 400 g de coquillages type palourdes (ou des coques, des praires, des tellines) • 10 brins de persil plat • 15 cl de vin blanc sec • 3 cuil. à soupe d'huile d'olive • 1 gousse d'ail • 25 g de beurre • sel • poivre

Réalisation

Épluchez et hachez l'ail. Effeuillez et hachez grossièrement le persil. Dans une grande casserole ou une cocotte, faites chauffer l'huile d'olive avec le beurre. Mettez-y les coquillages et couvrez. Au bout de 5 minutes, quand les coquillages commencent à s'ouvrir, ajoutez l'ail, le persil et le vin blanc. Couvrez à nouveau et laissez cuire encore 5 minutes. Retirez le couvercle, poivrez et laissez sur feu doux pour faire réduire le jus de cuisson.

Pendant ce temps, faites cuire les pâtes dans un grand volume d'eau salée. En fin de cuisson, ajoutez une petite louche d'eau de cuisson des pâtes dans la casserole où se trouvent les coquillages. Égouttez les pâtes et ajoutez-les aux coquillages. Mélangez bien et servez aussitôt.

Notre conseil : vous pouvez remplacer le persil par de la sauge ou du basilic. Si vous choisissez le basilic, ajoutez-le à la dernière seconde juste avant de passer à table, car si vous le faites cuire, il va perdre tout son goût.

FILET MIGNON DE PORC EN COCOTTE LUTÉE

2 pers. **Préparation : 15 min** **Cuisson : 35 min**

½ filet mignon de porc d'environ 300 g • 2 branches de thym • 2 feuilles de laurier • 1 cuil. à soupe de vin blanc • 2 cuil. à soupe d'huile d'olive • 100 g de farine • sel • poivre

Réalisation

Dans un saladier, mettez la farine. Ajoutez petit à petit de l'eau sans cesser de mélanger afin d'obtenir une pâte homogène qui ne colle pas aux doigts. Roulez cette pâte en un long boudin de la taille de votre cocotte.

Dans la cocotte, mettez le thym, le laurier; posez

par-dessus le filet mignon et arrosez de vin blanc et d'huile d'olive. Salez et poivrez. Sur le tour supérieur de votre cocotte légèrement graissé, disposez le boudin de pâte afin qu'il serve de joint lorsque vous fermerez la cocotte. Enfournez alors 35 minutes à 200 °C (th. 6-7), puis laissez reposer 10 minutes dans le four éteint. Sortez le plat, cassez le boudin de pâte et servez aussitôt.

Notre conseil : vous pouvez réaliser la même recette avec un petit rôti de veau, du poulet ou du poisson.

Desserts

SALADE D'AGRUMES AU CUMIN

2 pers. **Préparation : 15 min**

1 citron vert • 2 oranges maltaises ou sanguines • 1 pamplemousse • 1 pincée de graines de cumin • 2 cuil. à soupe d'huile d'olive de qualité supérieure

Réalisation

À l'aide d'un petit couteau, épluchez les agrumes en retirant la peau et la membrane blanche. Vous ne

devez conserver que la chair. Toujours à l'aide d'un couteau, séparez les quartiers. Répartissez les fruits en rosace sur de petites assiettes.
Versez sur chaque rosace 1 cuillère à soupe d'huile d'olive, saupoudrez ensuite de graines de cumin et servez immédiatement pour éviter que les fruits ne perdent trop de jus.

Notre conseil : vous pouvez remplacer le cumin par de la cannelle ou de la vanille en poudre.

SALADE D'ORANGE ET CORIANDRE CRISTALLISÉE

2 pers. **Préparation : 15 min** **Repos : 3 h**

3 oranges • ¼ de botte de coriandre • 1 blanc d'œuf • 50 g de sucre cristallisé

Réalisation

Effeuillez la coriandre. Badigeonnez à l'aide d'un pinceau chaque feuille de blanc d'œuf avant de les passer une à une dans le sucre. Posez les feuilles de coriandre sur une grille et laissez-les sécher à l'air libre pendant 3 heures.
À l'aide d'un petit couteau, épluchez les oranges en retirant la peau et la membrane blanche. Vous ne

devez conserver que la chair. Coupez ensuite les oranges en tranches et disposez-les en rosace sur 2 assiettes. Placez dessus les feuilles de coriandre cristallisées et servez aussitôt.

Notre conseil : un anniversaire à célébrer? Cristallisez des pétales de roses rouges.

AGRUMES RÔTIES

2 pers. **Préparation : 15 min** **Cuisson : 10 min** **Repos : 20 min**

2 pamplemousses roses • 4 cuil. à café de miel liquide • 2 gousses de cardamome • 1 bâton de cannelle • 1 branche de romarin • 1 tige de lavande

Réalisation

Préchauffez le four à 200 °C (th. 6-7). Coupez les pamplemousses en 2. À l'aide d'un couteau à pamplemousse, séparez les quartiers de la peau mais conservez entiers les demi-pamplemousses. Entaillez les gousses de cardamome. Effeuillez la lavande.

Sur chaque moitié de pamplemousse, mettez 1 cuillère à café de miel. Mettez sur une première moitié les gousses de cardamome, saupoudrez une autre moitié de lavande. Sur la troisième, posez la branche de romarin coupée en 3 morceaux. Enfin, insérez des morceaux de cannelle entre les quartiers de la dernière moitié de pamplemousse. Enfournez 10 minutes dans le four chaud. Laissez tiédir avant de servir.

Notre conseil : ce ne sont ici que quelques idées de goûts à donner au pamplemousse, vous pouvez aussi utiliser du beurre demi-sel, de l'anis étoilé, de la muscade et pourquoi pas de la réglisse.

MI-CUITS AU CHOCOLAT

2 pers. **Préparation : 15 min** **Cuisson : 7 à 8 min**

50 g de chocolat amer • 1 cuil. à soupe de cacao amer • 50 g de beurre + 10 g pour les moules • 1 œuf • 35 g de sucre • 25 g de farine • 1 pincée de levure chimique

Réalisation

Préchauffez le four à 200 °C (th. 6-7). Faites fondre le chocolat au bain-marie. Hors du feu, ajoutez le beurre et mélangez pour le faire complètement fondre. Fouettez l'œuf et le sucre pendant 3 à 4 minutes. Mélangez au chocolat, puis ajoutez la farine, le cacao et la levure.

Beurrez 2 moules individuels, versez-y la pâte.

Enfournez pour 7 à 8 minutes. Il faut que le cœur reste presque liquide. Pour s'en assurer, piquez un couteau au cœur du mi-cuit, il doit ressortir couvert de pâte, mais tiède. Démoulez délicatement les mi-cuits, posez-les au centre de petites assiettes.

Notre conseil : vous pouvez aussi accompagner ces mi-cuits d'un coulis de framboises ou d'une crème anglaise. Par ailleurs, si vous n'êtes pas sûr(e) de la qualité de vos moules, prenez une précaution supplémentaire en les farinant légèrement après les avoir beurrés.

SALADE DE FRAISES AU BALSAMIQUE

2 pers. **Préparation : 10 min** **Réfrigération : 1 h**

250 g de fraises Mara des bois • ½ citron vert • 1 cuil. à soupe de cassonade • ½ cuil. à café de vinaigre balsamique

Réalisation

Lavez et équeutez les fraises. Coupez-les en 2 ou en 4 si elles sont grosses et mettez-les dans un saladier. Pressez le citron vert et versez-le sur les fraises. Saupoudrez le tout de cassonade et laissez reposer

1 heure au réfrigérateur. Au moment de servir, ajoutez le vinaigre balsamique et mélangez.

Notre conseil : le vinaigre va légèrement parfumer vos fraises, mais, si vous le désirez, vous pouvez en ajouter un peu plus. Vous pouvez aussi remplacer le vinaigre par du poivre long.

Quelques idées de menu

Un menu pour amoureux
Salade de fenouil et d'orange à la sauge
Poulet au citron et au miel
Mi-cuits au chocolat

Un menu marin
Tartes fines de sardines et mesclun
Cabillaud demi-sel, sauce vierge
Salade d'orange et coriandre cristallisée

Un menu grande classe
Feuilletés de carotte
Pâtes aux coquillages
Salade d'agrumes au cumin

Un menu devant la télé
Salade de roquette, tuiles de parmesan
Poulet grillé au sésame et aux herbes
Salade de fraises au balsamique

Un menu pour les nostalgiques du voyage
Crème de lentilles et poivron
Tranches de gigot au thym et au soja
Agrumes rôties

RECETTES DU MONDE ENTIER QUI FONT RÊVER SANS SE RUINER

•

Entrées

SALADE DE MANGUE AU PIMENT

4 pers. Préparation : 10 min

1 mangue pas trop mûre • ½ citron vert • 1 pincée de piment de Cayenne ou d'Espelette • 4 cuil. à soupe d'huile végétale • sel • poivre

Réalisation

À l'aide d'un économe, épluchez la mangue. Retirez ensuite le maximum de chair autour du noyau, puis coupez-la en cubes.

Dans un bol, pressez le citron et mélangez le jus avec le piment, l'huile, du sel et du poivre. Ajoutez la mangue, mélangez bien et servez aussitôt ou gardez au frais.

Notre conseil : une recette extrêmement simple où il convient que la mangue ne soit pas trop mûre. Vous pouvez servir cette entrée en accompagnement d'un plat épicé type curry.

SOUPE DE LENTILLES AU LAIT DE COCO

4 pers. **Préparation : 10 min** **Cuisson : 30 min**

400 g de lentilles corail • 1 tablette de bouillon de volaille bio • 1 cuil. à café de curry en poudre • 1 boîte de lait de coco de 25 cl • sel • poivre

Réalisation

Versez les lentilles corail dans une passoire. Rincez-les sous l'eau froide. Mettez-les dans une grande casserole et recouvrez-les de 2 fois leur volume d'eau. Ajoutez ensuite le bouillon de volaille, le curry, et terminez par la boîte de lait de coco, le sel et le poivre. Mettez sur le feu et portez à ébullition. Laissez ensuite cuire pendant 25 à 30 minutes à petits bouillons. Il faut que les lentilles se transforment presque en purée. Servez chaud.

Notre conseil : si la soupe est trop épaisse, vous pouvez ajouter un petit peu d'eau. Vous pouvez aussi enrichir cette soupe avec 1 botte de coriandre effeuillée.

SOUPE DE CAROTTE À LA CITRONNELLE

4 pers. **Préparation : 10 min** **Cuisson : 30 min**

500 g de carottes • 1 tablette de bouillon de volaille bio • 2 tiges de citronnelle • 3 cm de gingembre • 2 gousses d'ail • 1 boîte de lait de coco de 25 cl • 1 botte de coriandre • sel • poivre

Réalisation

Coupez la citronnelle en petits morceaux. Épluchez et hachez l'ail et le gingembre. Épluchez et coupez en rondelles épaisses les carottes. Effeuillez la coriandre. Dans une grande cocotte, mettez tous les ingrédients (sauf la coriandre) et couvrez d'eau.

Faites cuire cette soupe pendant 25 à 30 minutes. Au bout de ce temps, mixez-la à l'aide d'un mixeur ou d'un moulin à légumes muni d'une grille fine. Vérifiez l'assaisonnement, ajoutez la coriandre et servez aussitôt.

Notre conseil : afin de ne pas avoir dans la soupe les fils du gingembre et la partie dure de la citronnelle, mixez d'abord la soupe au robot avant de la passer au moulin à légumes.

NEMS

4 pers. **Préparation : 30 min** **Cuisson : 5 à 6 min**

250 g d'épaule de porc • 100 g de navets blancs • 1 oignon • 1 laitue • 25 g de champignons noirs secs • 25 g de champignons parfumés • 100 g de germes de soja • 2 œufs • 20 feuilles de riz • 100 g de vermicelles transparents • 1 botte de ciboulette • 1 botte de menthe • nuoc-mâm • huile de friture • sel • poivre

Réalisation

Laissez tremper les champignons pendant 15 minutes dans de l'eau tiède. Faites de même pour les vermicelles transparents. Hachez le porc. Épluchez et hachez l'oignon. Épluchez et coupez les navets en petits dés. Ciselez la ciboulette. Hachez les germes de soja. Égouttez les champignons et les vermicelles, puis hachez-les grossièrement. Dans un grand saladier, rassemblez tous ces ingrédients et les œufs battus. Salez et poivrez, puis mélangez.

Prévoyez un grand saladier d'eau chaude. Recouvrez le plan de travail d'un torchon. Commencez par façonner les nems. Plongez 1 feuille de riz quelques secondes dans l'eau afin qu'elle se ramollisse. Disposez-la sur le torchon et posez de la farce en son milieu (l'équivalent d'un boudin de la taille d'un doigt). Repliez

sur la farce les côtés de la feuille de riz avant de la rouler sur elle-même. Répétez l'opération jusqu'à épuisement des ingrédients.
Faites frire les nems dans de l'huile chaude 5 à 6 minutes. Ils doivent être bien dorés. Servez-les chauds avec des feuilles de laitue, de la menthe et du nuoc-mâm.

Notre conseil : ces nems sont au porc, mais vous pouvez en faire au poulet, aux crevettes ou aux légumes.

TEMPURAS DE LÉGUMES

4 pers. **Préparation : 5 min** **Cuisson : 15 min**

1 poignée de haricots verts • 2 carottes • 1 radis noir • quelques sommités de brocoli • 1 gros oignon • 100 g de farine de riz • 100 g de farine de blé • 1 botte de ciboulette • 5 cl de sauce soja • 5 cl de mirin • huile de friture • sel • poivre

Réalisation

Dans un saladier, mélangez les farines, 2 pincées de sel, du poivre. Ajoutez de l'eau sans cesser de mélanger pour obtenir une consistance pâteuse. Hachez la ciboulette. Mélangez-la avec la sauce soja et le mirin.

Épluchez les carottes, le radis noir et l'oignon; coupez les carottes en bâtonnets de 5 cm de long sur ½ cm d'épaisseur, le radis noir et l'oignon en rondelles; coupez les bouts des haricots verts. Passez les légumes dans la pâte aux farines, mettez les tempuras dans la friture et laissez cuire 4 à 5 minutes. Il faut que les tempuras soient bien dorés. Continuez jusqu'à ce que vous n'ayez plus de légumes. Servez les tempuras chauds accompagnés de la sauce soja-mirin.

Notre conseil : vous pouvez aussi faire des tempuras avec des crevettes, des saint-jacques, des morceaux de poisson, de la viande blanche…

BEIGNETS DE MORUE ET SAUCE À L'AVOCAT

4 pers. **Préparation : 25 min** **Dessalage : 12 h** **Cuisson : 15 min**

300 g de filet de morue • 40 g farine • 30 cl de lait • 1 œuf + 2 blancs • 1 botte de persil plat • 1 petit piment • huile de friture • poivre

Pour la sauce : 1 avocat • 1 oignon nouveau • 1 citron vert • 1 tomate • 4 cuil. à soupe d'huile d'olive • sel • poivre

Réalisation

Faites dessaler la morue dans de l'eau froide pendant 12 heures en changeant l'eau 3 ou 4 fois. Mettez ensuite le poisson dans une casserole d'eau froide et portez à ébullition. Laissez cuire 10 minutes à petits bouillons. Égouttez la morue et émiettez-la afin de retirer les restes de peau et les arêtes. Dans le bol d'un mixeur, mettez le poisson, la farine, le lait, les œufs et le piment. Actionnez votre robot jusqu'à l'obtention d'une pâte homogène. Ajoutez ensuite un peu de poivre et le persil haché.

Dans une casserole remplie d'huile de friture, faites cuire les beignets en les formant à l'aide d'une cuillère à soupe. Lorsqu'ils sont bien dorés, retirez-les de l'huile, déposez-les sur du papier absorbant et gardez-les au chaud.

Pour la sauce, épluchez et hachez l'oignon nouveau et

coupez la tomate en petits dés. Dans un bol, pressez le jus du citron et ajoutez l'huile d'olive, le sel, le poivre, l'oignon et la tomate. À la dernière minute, coupez l'avocat en petits dés et ajoutez-les à la sauce.

Notre conseil : vous pouvez aussi déguster ces beignets simplement avec du jus de citron vert, c'est tout aussi délicieux.

Plats

COLOMBO DE PORC

4 pers. Préparation : 15 min Cuisson : 50 min

1 morceau de filet ou d'échine de porc d'environ 800 g • 1 gousse d'ail • 1 petit oignon • 2 cm de gingembre frais • 1 cuil. à soupe de poudre à colombo • 1 petite boîte de tomates concassées • 4 cuil. à soupe d'huile végétale • 1 citron vert • sel • poivre

Réalisation

Épluchez l'oignon, l'ail et le gingembre. Mettez ces légumes dans un moulin à épices ou à café avec la

poudre à colombo, du sel et du poivre. Mixez jusqu'à l'obtention d'une pâte homogène.
Coupez la viande en gros cubes et faites-les dorer dans une grande cocotte avec l'huile. Retirez l'excédent de gras, puis ajoutez la pâte à colombo et le jus du citron vert. Enrobez bien la viande, ajoutez la boîte de tomates puis couvrez d'eau. Laissez ensuite cuire pendant 45 minutes. Servez chaud.

Notre conseil : vous pouvez ajouter à la place de l'eau du lait de coco. Par ailleurs, servez ce colombo saupoudré de coriandre fraîche et accompagné de riz.

POULET MARINÉ, HARICOTS VERTS À LA CORIANDRE

4 pers. **Préparation : 20 min** **Cuisson : 30 min**

1 kg de haricots verts • 2 carottes • 100 g de tomates cerises • 1 petite botte de coriandre • 2 cuil. à soupe de sauce soja • 6 cuil. à soupe d'huile d'olive • sel • poivre

Pour le poulet : 4 filets de poulet • 1 cuil. à café de miel liquide • 1 cuil. à soupe de moutarde à l'ancienne • 1 cuil. à café de 5 épices chinois • 8 cuil. à soupe de sauce soja • huile végétale

Réalisation

Commencez par préparer le poulet. Dans un saladier, mélangez la sauce soja avec le miel, la moutarde à l'ancienne, les épices et le poulet. Laissez mariner le temps de préparer la salade de haricots. Faites cuire les haricots verts dans un grand volume d'eau salée bouillante. Ils doivent rester croquants (comptez 10 minutes de cuisson). En parallèle, épluchez et coupez les carottes en bâtonnets. Faites-les cuire aussi dans un grand volume d'eau salée. Elles doivent être fondantes (comptez 10 minutes de cuisson). Égouttez les légumes et passez-les sous l'eau froide. Essorez-les dans le panier à salade.

Effeuillez la coriandre, coupez les tomates cerises

en 4. Dans un grand saladier, mélangez les haricots avec la sauce soja, la coriandre et l'huile d'olive, décorez pour finir avec les bâtonnets de carottes et les tomates. Faites griller à la poêle et à couvert les filets de poulet avec un peu d'huile végétale et servez chaud avec la salade.

Notre conseil : une recette tout simplement délicieuse. Vous pouvez aussi mettre le jus de cuisson du poulet dans votre sauce.

PORC AU CARAMEL

4 pers. Préparation : 15 min Cuisson : 15 min

600 g de filet de porc • 2 citrons verts • 6 cuil. à soupe de cassonade • 2 cm de gingembre • 250 g de riz blanc • 4 cuil. à soupe d'huile végétale • sel • poivre

Réalisation

Coupez le filet de porc en cubes de 3 cm de côté. Coupez les citrons verts en 2 et pressez-les. Versez le jus dans un bol. Salez et poivrez légèrement. Épluchez et râpez très finement le gingembre. Mettez-le avec le jus de citron.
Dans un wok, faites chauffer l'huile à feu vif. Mettez

POULET AUX AMANDES OU NOIX DE CAJOU

4 pers. **Préparation : 30 min** **Repos : 30 min** **Cuisson : 25 min**

400 g de blancs de poulet • 12 champignons noirs • 2 carottes • 12 pousses de bambou • 2 oignons • 2 gousses d'ail • 200 g d'amandes mondées ou de noix de cajou • 1 cuil. à café de muscade en poudre • 1 cuil. à café de coriandre en poudre • 4 cuil. à soupe de sauce soja • 2 cuil. à soupe d'huile végétale • sel • poivre

Réalisation

Laissez tremper les champignons dans de l'eau tiède pendant 30 minutes. Coupez le poulet en lanières. Épluchez et coupez les carottes en bâtonnets, de même que les pousses de bambou. Épluchez l'ail et les oignons. Écrasez l'ail et hachez les oignons.

Dans une poêle, faites griller les amandes à feu moyen pendant 3 minutes. Retirez la poêle du feu pour y verser l'huile et faites-y revenir les carottes, l'oignon et l'ail. Laissez cuire 3 à 4 minutes. Ajoutez le poulet et laissez dorer pendant 5 à 6 minutes. Ajoutez alors les pousses de bambou, les champignons noirs, les épices et la sauce soja. Salez, poivrez. Baissez le feu et laissez cuire pendant 15 minutes en remuant de temps en temps. Servez chaud.

le porc et faites-le griller sur tous les côtés. Quand la viande est bien dorée, saupoudrez de cassonade et laissez caraméliser pendant quelques minutes en mélangeant.
Pendant ce temps, faites cuire le riz selon les indications du fabricant. Égouttez-le, puis servez-le avec le porc au caramel arrosé, dans les assiettes, de jus de citron vert au gingembre.

Notre conseil : n'hésitez pas à proposer avec ce plat des feuilles de coriandre fraîche et de la sauce nuoc-mâm.

TARTARE DE BŒUF BASILIC ET OLIVES

4 pers. **Préparation : 15 min**

400 g de viande de bœuf coupée au couteau par votre boucher • 4 cuil. à café de tapenade noire • 2 échalotes • 6 cuil. à soupe d'huile d'olive • ½ citron jaune • 1 botte de basilic • sel • poivre

Réalisation

Effeuillez et coupez en fins bâtonnets les feuilles de basilic. Épluchez et hachez les échalotes. Dans un bol, pressez le citron pour récupérer le jus. Mélangez-le avec l'huile d'olive, la tapenade, du sel et du poivre.

Dans un saladier, mélangez la viande avec le basilic et l'échalote. Avant de servir, ajoutez la sauce et mélangez afin de bien enrober la viande. Répartissez la viande dans des ramequins, tassez-la puis retournez les ramequins au centre d'assiettes individuelles. Servez aussitôt.

Notre conseil : le tartare de viande coupée au couteau est vraiment meilleur que le tartare de viande hachée. Si jamais vous ne pouvez faire couper votre viande par un boucher, n'hésitez pas à le faire vous-même à l'aide d'un bon couteau. Pour cela, il suffit d'abord de détailler la viande en tranches très fines, puis en bâtonnets, puis en petits carrés. Mais, si vous n'avez pas le temps, prenez simplement de la viande hachée.

SOBA AUX LÉGUMES

4 pers. **Préparation : 10 min** **Cuisson : 15 min**

1 paquet de nouilles soba complètes (ce sont des nouilles type spaghettis mais japonaises) • 1 oignon nouveau • 1 botte de coriandre • 2 tablettes de bouillon de bœuf bio • 1 poignée de haricots verts • 2 carottes • 1 poignée de pousses de soja • 1 poignée de pois gourmands • 1 cuil. à soupe de sauce soja • 1 cuil. à soupe de nuoc-mâm • sel • poivre

Réalisation

Faites cuire les carottes découpées en bâtonnets quelques minutes dans une grande casserole remplie d'eau bouillante. Faites de même avec les haricots verts et les pois gourmands.

Nettoyez le vert de l'oignon, et coupez-le en fines rondelles. Effeuillez la coriandre. Dans une casserole, portez à ébullition 1 litre d'eau avec les tablettes de bouillon, la sauce soja, le nuoc-mâm. Faites cuire les nouilles soba dans de l'eau salée. Égouttez-les et répartissez-les dans 4 grands bols. Ajoutez le vert de l'oignon, la coriandre et les légumes égouttés. Couvrez du bouillon bouillant et servez aussitôt.

Notre conseil : vous pouvez faire cette recette avec du bœuf cru en fines lamelles, des crevettes cuites ou du poulet cuit et découpé en lanières.

POULET YASSA

4 pers. **Préparation : 20 min** **Marinade : 12 h** **Cuisson : 1 h**

1 poulet entier • 1 kg d'oignons • 1 piment vert • 1 piment rouge • 2 bouillons Kub • 1 cuil. à soupe de graines de coriandre • 2 feuilles de laurier • 10 citrons verts • 200 g de riz • sel • poivre

Réalisation

Épluchez et émincez les oignons. Pressez les citrons verts et mettez les bouillons Kub dans le jus pour les dissoudre. Flambez le poulet, sur le gaz ou à l'aide d'un chalumeau de cuisine, pour faire griller sa peau. Dans une grande cocotte, mettez le poulet, ajoutez les oignons, le jus de citron, les piments entiers, les graines de coriandre, les feuilles de laurier, salez et poivrez. Laissez reposer une nuit en retournant aussi souvent que possible le poulet.

Le lendemain, mettez le poulet sur le feu, portez à ébullition puis laissez cuire à feu doux et à couvert le poulet pendant 40 minutes en le tournant 1 à

2 fois. Retirez le couvercle et faites cuire à nouveau 20 minutes. Coupez le feu, puis laissez reposer à couvert 20 minutes. Pendant ce temps, faites cuire le riz selon les indications du fabricant et servez le tout bien chaud.

Notre conseil : vous pouvez réaliser cette recette avec d'autres viandes blanches, comme du porc, de la dinde ou du veau.

CHILI CON CARNE

4 pers. **Préparation : 20 min** **Cuisson : 2 h 30**

1 kg de bœuf à bourguignon • 800 g de haricots rouges • 2 oignons • 2 gousses d'ail • 4 tomates • 2 yaourts à la grecque • 2 cuil. à soupe de chili powder • 3 cuil. à soupe d'huile d'olive • 1 botte de coriandre • sel

Réalisation

Découpez le bœuf en cubes de 3 cm de côté. Épluchez et hachez l'ail et l'oignon. Égouttez et rincez les haricots rouges. Ébouillantez les tomates, puis épluchez-les avant de les hacher. Dans une grande casserole, faites chauffer l'huile, puis faites-y dorer les cubes de viande. Disposez-les ensuite dans un saladier. Dans

la casserole, faites revenir l'ail et l'oignon pendant 3 à 4 minutes en remuant fréquemment. Ajoutez les épices, du sel puis la viande et les tomates. Couvrez d'eau, portez à ébullition et laissez cuire à feu doux pendant 2 heures (si l'eau vient à manquer, n'hésitez pas à en rajouter).
Au bout des 2 heures de cuisson, ajoutez les haricots rouges et laissez encore cuire 30 minutes avant de vérifier l'assaisonnement. Effeuillez et hachez la coriandre. Mélangez-la au yaourt et servez en accompagnement.

Notre conseil : la sauce au yaourt sert à refroidir la viande et à adoucir les épices. Pour une version plus rapide, remplacez le bœuf à bourguignon par de la viande hachée et 1 heure de cuisson sera largement suffisante. Pour une version encore plus longue, choisissez des haricots secs, que vous ferez tremper 24 heures auparavant. Utilisez alors l'eau de trempage pour faire cuire la viande.

Notre conseil : servez ce plat avec du riz blanc ou du riz cantonais.

BŒUF PANAENG

4 pers. **Préparation : 30 min** **Cuisson : 45 min**

400 g de rumsteck, de bavette ou de hampe • 6 feuilles de combava (citronnier thaïlandais) • 1 botte de basilic thaïlandais (à défaut, 1 botte de coriandre) • 50 cl de lait de coco • 2 cuil. à soupe de sucre de palme (à défaut, de la cassonade) • 4 cuil. à soupe de nuoc-mâm • 3 cuil. à soupe d'huile végétale

Pour la pâte : 3 échalotes rouges • 3 gousses d'ail • 3 cm de galanga (gingembre thaïlandais, à défaut du gingembre) • 1 cœur de branche de citronnelle • le zeste d'1 combava (citron vert thaïlandais) • 4 cuil. à soupe de cacahuètes • ½ noix de muscade • ½ cuil. à café de piment oiseau • 1 cuil. à soupe de graines de coriandre • sel

Réalisation

Préparez la pâte. Épluchez le galanga, l'ail et les échalotes. Faites revenir 2 minutes à la poêle la demi-noix de muscade entière et les graines de coriandre. Ébouillantez les cacahuètes et laissez cuire 20 minutes. Essorez et laissez refroidir. Dans le bol d'un mixeur

(ou dans un mortier si vous êtes courageux(se)!), mettez tous les ingrédients et faites tourner. La pâte doit être parfaitement homogène. Si elle ne se fait pas bien, ajoutez un peu d'eau.
Dans une poêle antiadhésive très chaude, faites revenir la viande sans matière grasse pendant 1 minute de chaque côté. Laissez-la ensuite refroidir sur une planche avant de la découper en petits morceaux de la taille d'une bouchée et de l'égoutter.
Dans la même poêle, faites revenir la pâte avec l'huile pendant 5 minutes. Versez le lait de coco, le nuoc-mâm et le sucre. Portez à ébullition. Ajoutez enfin les feuilles de combava, et laissez cuire 15 minutes. Juste avant de servir, mettez le basilic effeuillé et le bœuf 2 minutes pour réchauffer la viande.

Notre conseil : servez ce plat avec du riz ou une poêlée de légumes composée de pois gourmands, de bâtonnets de courgette et de haricots verts. Par ailleurs, on trouve dans les épiceries asiatiques des pâtes à panaeng toutes prêtes.

CURRY INDIEN

4 pers. **Préparation : 45 min** **Cuisson : 2 h**

1 kg d'échine de porc • 2 cuil. à café de pâte de curry ou d'épices à curry • 4 cuil. à soupe d'huile d'olive • 2 oignons rouges • 2 gousses d'ail • 2 cm de gingembre • 1 tablette de bouillon de volaille • 1 botte de coriandre • sel • poivre

Réalisation

Coupez la viande en petits morceaux et faites-les dorer à l'huile dans une grande cocotte. Retirez-les puis mettez à cuire l'oignon, le gingembre et l'ail hachés pendant 3 à 4 minutes en remuant fréquemment. Ajoutez les épices et faites à nouveau cuire 1 à 2 minutes. Mettez alors la viande et enrobez-la d'épices. Couvrez d'eau, assaisonnez et ajoutez la tablette de bouillon. Laissez cuire 2 heures à feu doux. La viande doit être fondante. Juste avant de servir, ajoutez la coriandre effeuillée et servez aussitôt.

Notre conseil : vous pouvez bien sûr faire cette même recette avec de l'agneau. Dans ce cas, utilisez de l'épaule ou du collier.

Idées d'accompagnements : vous pouvez servir ce plat avec, bien sûr, du riz blanc, mais aussi une salade de concombre au yaourt à la menthe, une salade de mangue au piment (voir recette page 31) et une purée de tomates fraîches au citron vert et au gingembre. Pour le concombre, râpez 1 concombre après l'avoir épluché, ajoutez 1 yaourt à la grecque, ½ botte de menthe hachée, du sel et du poivre. Pour la purée de tomates, ébouillantez 4 tomates afin de les éplucher, réduisez-les en purée dans le bol d'un mixeur avec le blanc d'1 oignon nouveau, 1 cuillère à café de gingembre frais râpé, le jus d'½ citron vert, du sel et du poivre.

Desserts

PAPILLOTES D'ANANAS

4 pers. **Préparation : 10 min** **Repos : 20 min** **Cuisson : 20 min**

1 petit ananas victoria • 2 citrons verts • 2 gousses de vanille • 12 cl de rhum blanc

Réalisation

Pressez les citrons afin de récupérer le jus. Coupez les gousses de vanille dans le sens de la longueur

et retirez les graines à l'aide d'une petite cuillère. Mélangez-les au rhum et au jus de citron vert.
Épluchez l'ananas et coupez-le en 4 quartiers. Retirez le cœur et détaillez chaque quartier en tronçons. Répartissez-les sur 4 grands carrés de papier sulfurisé. Versez 2 à 3 cuillerées à soupe de rhum et de jus de citron par papillote et refermez-les. Laissez reposer 20 minutes.
Pendant ce temps, préchauffez le four à 190 °C (th. 6-7), puis enfournez les papillotes pour 20 minutes. Laissez ensuite refroidir une dizaine de minutes en dehors du four avant de déguster.

Notre conseil : vous pouvez servir avec ce dessert une chantilly à la vanille, du sorbet à la mangue ou aux fruits de la passion.

LASSI À LA MANGUE

4 pers. **Préparation : 15 min**

6 yaourts type bulgare • 1 mangue bien mûre • 50 g de cassonade • 10 cl d'eau froide

Réalisation

Épluchez et coupez la mangue en dés. Dans un mixeur, versez les yaourts et la cassonade. Mixez quelques minutes. Ajoutez l'eau et la mangue et continuez à faire tourner. Le lassi ne doit pas être trop épais. S'il l'est, ajoutez encore un peu d'eau. Servez dans des verres avec une paille.

Notre conseil : vous pouvez remplacer la mangue par tous les fruits que vous aimez. Vous pouvez aussi simplement l'aromatiser avec de l'eau de rose, de l'essence d'amande ou de la vanille.

PERLES DU JAPON AU LAIT DE COCO

4 pers. **Prép. : 20 min** **Cuisson : 25 min** **Réfrigération : 1 h 30**

10 cl de coulis de fruits rouges • 1 feuille de gélatine • 25 cl de lait frais entier • 25 cl de lait de coco • 2 cuil. à soupe de cassonade • 50 g de perles de tapioca (dans les épiceries asiatiques) • 1 mangue

Réalisation

Faites ramollir la feuille de gélatine dans l'eau froide. Faites chauffer dans une casserole le coulis de fruits. Hors du feu, ajoutez la feuille de gélatine et mélangez bien, puis répartissez dans 4 verres. Mettez au réfrigérateur.

Dans une casserole, portez à ébullition le lait et le lait de coco avec la cassonade, et ajoutez les perles de tapioca. Laissez cuire à feu doux sans cesser de remuer pendant 20 à 25 minutes. Les billes doivent être alors translucides. Laissez refroidir et versez sur le coulis de fruits. Gardez au frais au moins 1 heure.

Épluchez la mangue. Coupez-la en petits morceaux. Quand le tapioca est bien pris, ajoutez les dés de mangue et servez aussitôt.

Notre conseil : vous pouvez remplacer la mangue par de l'ananas ou des litchis, le coulis de fruits rouges par un coulis de fruits de la passion.

BLANCS-MANGERS AU COULIS DE FRUITS ROUGES

4 pers. **Prép. : 20 min** **Cuisson : 20 min** **Réfrigération : 15 h**

½ litre de lait entier • 150 g d'amandes émondées • 75 g de sucre semoule • 3 feuilles de gélatine • 15 cl de crème fraîche liquide entière • coulis de fruits rouges

Réalisation

Réduisez les amandes en poudre à l'aide d'un mixeur. Mettez le lait et la poudre d'amandes dans une casserole sur feu doux, portez à ébullition puis retirez du feu. Versez dans un saladier, laissez refroidir et mettez au frais pendant 12 heures.

Au bout de ce temps, versez le lait d'amande sur un torchon fin posé sur une passoire au-dessus d'une casserole, puis pressez le torchon pour exprimer le maximum de lait. Faites tremper les feuilles de gélatine dans de l'eau froide pour les ramollir. Portez le lait d'amande à ébullition, puis, hors du feu, ajoutez les feuilles de gélatine égouttées. Remuez, laissez

refroidir complètement la préparation.
Montez la crème fraîche en chantilly puis ajoutez à la fin le sucre semoule. Mélangez le lait d'amande avec la chantilly et coulez le blanc-manger dans des verres ou des verrines. Laissez prendre au réfrigérateur au moins 3 heures et servez avec le coulis de fruits rouges.

Notre conseil : vous pouvez réaliser la même recette en utilisant du lait de coco à la place du mélange lait entier-amandes.

CRÈMES BRÛLÉES À L'ORANGE

4 pers. **Prép. : 20 min** **Cuisson : 30 min** **Réfrigération : 2 h**

20 cl de crème fraîche liquide • 20 cl de lait frais entier • 4 jaunes d'œufs • 1 cuil. à soupe d'eau de fleur d'oranger • 1 orange bio • 100 g de cassonade ou de sucre semoule

Réalisation

Râpez le zeste de l'orange. Coupez-la en 2 et pressez-la pour recueillir son jus.
Dans un saladier, battez au fouet électrique les jaunes d'œufs avec 75 g de cassonade ou de sucre. Le mélange doit devenir mousseux et fortement blanchir. Portez à

ébullition la crème et le lait dans une petite casserole. Incorporez le jus d'orange et les zestes, l'eau de fleur d'oranger, la crème et le lait aux jaunes d'œufs sans cesser de fouetter. Répartissez cette préparation dans 4 plats à crème brûlée et faites cuire au bain-marie à 150 °C (th. 5) pendant 30 minutes. Laissez refroidir et mettez au moins 2 heures au réfrigérateur.
Au moment de servir, saupoudrez largement le dessus des crèmes avec le reste de cassonade et passez-les très rapidement sous le gril, juste le temps de caraméliser.

Notre conseil : vous pouvez bien sûr remplacer l'orange par de la vanille ou de la cannelle.

SUMMER PUDDING

4 pers. **Prép. : 30 min** **Cuisson : 10 min** **Réfrigération : 6 h**

800 g de fruits rouges (groseilles, fraises, framboises...) • 80 g de cassonade • 1 douzaine de tranches de pain de mie blanc anglais • 4 feuilles de gélatine

Réalisation

Mettez les feuilles de gélatine à ramollir dans un bol. Nettoyez et retirez les pédoncules des fruits. Passez-en ⅓ au moulin à légumes muni d'une grille fine. Versez

la purée de fruits dans une casserole et ajoutez la cassonade. Portez à ébullition et laissez cuire à petits bouillons pendant 10 minutes. Coupez le feu, ajoutez la gélatine, mélangez bien et laissez tiédir.
Graissez légèrement un moule à charlotte et tapissez-le de tranches de pain de mie en les faisant légèrement se chevaucher (mettez-en aussi dans le fond). Versez les fruits entiers, puis le coulis et refermez avec du pain. Gardez au réfrigérateur pendant 6 heures. Pour démouler la charlotte, posez le moule quelques secondes dans l'eau chaude et retournez-le sur un plat de service. Versez le jus et servez aussitôt avec une crème anglaise.

Notre conseil : cette recette anglaise se sert très fraîche les jours où il fait très chaud. Elle peut bien sûr se décliner avec tous les fruits : pêches, agrumes…

Quelques idées de menu

Des épices, des épices et encore des épices

Salade de mangue au piment
Bœuf panaeng
Papillotes d'ananas

L'Asie est votre seconde maison

Soupe de carotte à la citronnelle
Porc au caramel
Perles du japon au lait de coco

Vous êtes un(e) vrai(e) latin(e)

Beignets de morue et sauce à l'avocat
Tartare de bœuf basilic et olives
Blancs-mangers au coulis de fruits rouges

Citoyen du monde

Nems
Curry indien
Summer pudding

Du goût et du raffinement

Tempuras de légumes
Poulet mariné, haricots verts à la coriandre
Crèmes brûlées à l'orange

RECETTES À LA BONNE FRANQUETTE SANS JETER L'ARGENT PAR LES FENÊTRES

•

Entrées

SARDINES, CONCOMBRE ET CÉLERI

8 pers. **Préparation : 20 min**

4 boîtes de sardines à l'huile • 1 quart de concombre • 1 pomme granny-smith • 4 bâtons de céleri branche • sel • poivre

Réalisation

Égouttez les sardines et récupérez l'huile. Épluchez le concombre et le côté bombé de la branche de céleri. Retirez le cœur de la pomme et du concombre. Coupez tous les légumes et la pomme en petits dés. Mélangez-les avec un peu de sel, de poivre et l'huile des sardines. Répartissez la petite salade à la granny-smith sur des assiettes et posez par-dessus les sardines. Dégustez cette entrée accompagnée de pain grillé.

Notre conseil : vous pouvez réaliser cette recette avec d'autres poissons en boîte du type anchois ou maquereaux.

CAROTTES RÂPÉES À LA CORIANDRE, CITRON VERT ET RAISINS

8 pers. **Préparation : 20 min**

1,5 kg de carottes • 3 citrons verts • 2 bottes de coriandre • 12 cuil. à soupe d'huile végétale • 80 g de raisins secs • sel • poivre

Réalisation

Épluchez et râpez les carottes. Pressez les citrons verts. Effeuillez et hachez la coriandre. Faites tremper les raisins secs dans un bol d'eau chaude. Dans un saladier, versez le jus de citron vert et l'huile. Assaisonnez avec un peu de sel et de poivre, puis ajoutez les carottes, la coriandre et les raisins égouttés. Mélangez puis placez au réfrigérateur en attendant de servir.

Notre conseil : vous pouvez ajouter dans cette salade un peu de gingembre frais râpé ainsi que des amandes effilées préalablement grillées dans une poêle sans matière grasse.

VELOUTÉ DE MOULES AUX ÉPICES

8 pers. **Préparation : 30 min** **Cuisson : 40 min**

1 kg de moules • 1 blanc de poireau • 2 pommes de terre • 1 oignon • 1 gousse d'ail • 50 cl de crème fraîche liquide • 25 cl de vin blanc sec • 1 branche de thym • 1 feuille de laurier • 1 tablette de bouillon de légumes • 1 cuil. à café d'un bon curry en poudre • 4 cuil. à soupe d'huile d'olive • sel • poivre

Réalisation

Brossez les moules sous l'eau et retirez-en la « barbe » (les filaments noirs coincés dans la coquille). Épluchez et hachez les légumes en gros morceaux. Dans une grande casserole, portez à ébullition le vin blanc, puis mettez-y à cuire les moules à couvert pendant 5 minutes afin de les ouvrir. Éteignez le feu, laissez un peu refroidir puis décoquillez les moules. Filtrez ensuite le jus de cuisson.

Dans une autre casserole, faites chauffer l'huile d'olive puis faites-y revenir les légumes pendant 5 minutes. Ajoutez ensuite le jus de cuisson des moules, la tablette de bouillon de légumes, la crème fraîche liquide, le laurier et le thym, salez légèrement et poivrez. Portez à ébullition et laissez cuire 30 minutes. Au bout de ce temps, mixez longuement la soupe, vérifiez l'assaisonnement. Au dernier moment, ajoutez le curry et les moules puis servez immédiatement.

Notre conseil : vous pouvez aussi ajouter 1 botte de coriandre ou de cerfeuil effeuillée dans la soupe. Le curry et le vin blanc sont des composants essentiels de cette recette, n'hésitez donc pas à en choisir de très bons.

SALADE D'ORANGE À L'OIGNON ROUGE

8 pers. **Préparation : 20 min**

12 oranges à jus • 1 oignon rouge • 1 cuil. à soupe de pistaches grillées • 6 cuil. à soupe d'huile d'olive • sel • poivre

Réalisation

Coupez le bout rond des oranges. Puis, à l'aide d'un couteau, retirez la peau en enlevant complètement la partie blanche afin de ne conserver que la chair. Coupez ensuite des tranches d'½ cm d'épaisseur.
Épluchez, puis coupez l'oignon en très fines lamelles.
Dans un grand plat ovale, disposez les oranges et l'oignon par-dessus. Salez, poivrez, versez l'huile d'olive et répartissez les pistaches.

Notre conseil : vous pouvez aussi utiliser des pamplemousses roses dans cette salade pour varier les couleurs.

CONFIT DE POIVRONS, CHÈVRE SEC ET AMANDES

8 pers. **Préparation : 20 min** **Cuisson : 20 min**

4 fromages de chèvre secs (type chabichou ou crottin de Chavignol) • 6 poivrons rouges • 2 petits oignons • 4 tomates • 4 cuil. à soupe d'huile d'olive • 3 cuil. à soupe d'amandes effilées • 3 branches de thym frais • 3 pincées de piment d'Espelette en poudre • sel • poivre

Réalisation

Mettez les amandes effilées dans une poêle chaude et laissez-les dorer sans noircir 3 à 4 minutes sans cesser de remuer. Coupez le feu, ôtez-les de la poêle et laissez tiédir. Épluchez et hachez les oignons. Ébouillantez 1 minute les tomates. Épluchez-les puis coupez-les en 4 avant de retirer les graines pour ne garder que la chair. Retirez le pédoncule des poivrons. Ouvrez-les en 2, puis retirez les graines et les membranes blanches. Hachez les poivrons et les tomates séparément.

Dans une poêle, faites chauffer l'huile d'olive. Mettez-y l'oignon et le poivron et faites revenir 5 à 10 minutes en remuant. Versez alors la tomate et laissez cuire à couvert pendant 5 minutes à feu moyen. Assaisonnez avec le piment, du poivre et du sel. Poursuivez la cuisson à découvert encore 5 minutes. Répartissez cette purée dans des verrines ou de jolis verres transparents. Coupez le fromage en cubes et posez-en dans chaque verre. Saupoudrez de thym, d'amandes grillées et servez aussitôt.

Notre conseil : vous pouvez remplacer le piment par de la poudre de curry, de colombo ou de tandoori.

TABOULÉ LIBANAIS ET TOMATES AU CUMIN

8 pers. **Préparation : 30 min** **Réfrigération : 1 h**

Pour le taboulé : 3 cuil. à soupe de boulgour fin • 3 tomates • 1 bouquet de menthe • 1 bouquet de persil plat • le vert d'un oignon nouveau • ½ citron • 8 cuil. à soupe d'huile d'olive • sel • poivre

Pour les tomates : 8 tomates • 1 cuil. à café de sucre • 2 cuil. à café de cumin en poudre • sel • poivre

Réalisation

Commencez par préparer le taboulé. Ébouillantez les tomates pendant 1 minute. Épluchez-les puis coupez-les en petits morceaux. Mettez-les dans un saladier avec le boulgour. Effeuillez et hachez la menthe et le persil. Hachez aussi le vert de l'oignon nouveau et ajoutez ces ingrédients dans le saladier. Pressez le citron et mettez le jus dans un bol avec du sel, du poivre et l'huile. Émulsionnez et versez sur le taboulé. Laissez reposer 1 heure au frais avant de déguster.

Pour la salade de tomates au cumin, ébouillantez les tomates pendant 1 minute. Épluchez-les puis coupez-les en petits morceaux. Assaisonnez-les simplement avec le sucre, le cumin, un peu de sel et de poivre. Servez aussitôt.

Notre conseil : pour enrichir cette recette de taboulé, vous pouvez ajouter des dés de concombre ou quelques raisins secs.

Plats

FÈVES AU CHORIZO ET BASILIC

8 pers. **Préparation : 15 min** **Cuisson : 10 min**

1 kg de fèves fraîches écossées • 1 petit chorizo doux ou piquant selon votre goût • 3 cuil. à soupe de vinaigre balsamique • 9 cuil. à soupe d'huile d'olive • 1 botte de basilic • sel • poivre

Réalisation

Portez à ébullition un grand volume d'eau salée. Faites-y cuire les fèves pendant 10 minutes. Elles doivent être encore légèrement croquantes. Égouttez les fèves et laissez-les refroidir.

Coupez le chorizo en rondelles après avoir retiré la peau. Effeuillez et coupez en tout petits bâtonnets les feuilles de basilic. Dans un grand saladier, rassemblez tous les ingrédients, assaisonnez et servez aussitôt ou gardez au frais.

Notre conseil : vous pouvez aussi réaliser cette recette avec un saucisson sec et, dans ce cas, remplacez le basilic par du cerfeuil ou de l'estragon.

SALADE DE LENTILLES AU PORC ET NUOC-MÂM

8 pers. **Préparation : 15 min** **Marinade : 1 h** **Cuisson : 30 min**

600 g de filet mignon de porc • 500 g de lentilles vertes du Puy • 2 cuil. à soupe de cassonade • 6 cuil. à soupe de sauce nuoc-mâm • 12 cuil. à soupe d'huile végétale • 1 botte de coriandre fraîche • 2 carottes • sel • poivre

Réalisation

Découpez le filet mignon de porc en très fins médaillons et disposez-les sur un grand plat. Dans un bol, mélangez la cassonade avec la sauce nuoc-mâm, arrosez la viande de cette marinade et laissez reposer pendant 1 heure.

Dans une grande casserole, mettez les lentilles et couvrez avec 3 fois leur volume d'eau salée. Portez à ébullition et laissez cuire pendant 25 à 30 minutes. Il faut que les lentilles soient fondantes. Égouttez-les et laissez refroidir.

Effeuillez et hachez la coriandre. Épluchez les carottes, coupez-les en tronçons, puis en lamelles, en bâtonnets,

et enfin en petits dés.
Dans une poêle antiadhésive, faites griller avec un peu d'huile les médaillons de filet mignon de porc. Mélangez-les avec les lentilles, la coriandre, les carottes, le reste d'huile et la marinade de la viande. Salez, poivrez. Servez aussitôt ou gardez au frais.

Notre conseil : si le goût de votre salade est trop relevé, n'hésitez pas à ajouter un peu d'huile.

LASAGNES AL FORNO

8 pers. **Préparation : 30 min** **Cuisson : 2 h**

3 carottes • 1 oignon rouge • 1 branche de céleri • 800 g de bœuf (basse-côte, joue...) haché • 50 cl d'eau • 1 bouquet garni ficelé (thym, romarin, laurier) • 2 boîtes de tomates pelées • 20 feuilles de lasagne • 100 g de parmesan à râper • 3 cuil. à soupe d'huile d'olive • beurre • 40 cl d'eau • sel • poivre

Pour la sauce Béchamel : 70 g de beurre • 70 g de farine • 1 l de lait entier • 2 pincées de noix de muscade • sel • poivre

Réalisation

Épluchez et coupez en petits dés les carottes, l'oignon et la branche de céleri. Dans une grande cocotte, faites chauffer l'huile d'olive. Faites-y dorer la viande. Retirez-la puis mettez les légumes dans la cocotte. Quand l'oignon devient translucide, versez 40 cl d'eau et le bouquet garni. Salez, poivrez, portez à ébullition, puis rajoutez la viande et les tomates. Faites cuire à feu moyen pendant 1 heure. La sauce doit être épaisse et l'eau quasiment évaporée.

Dans une grande casserole remplie d'eau bouillante salée, faites cuire les feuilles de lasagne. Égouttez-les bien à plat sur un chiffon. Dans une autre casserole, préparez la béchamel. Faites fondre le beurre avec la farine en mélangeant bien. Quand ce mélange commence à dorer, versez petit à petit le lait tout en fouettant pour éviter les grumeaux. Salez, poivrez et ajoutez la noix de muscade.

Beurrez un plat à gratin, disposez dans le fond une couche de lasagnes, une couche de béchamel, puis à nouveau des lasagnes, de la viande, du parmesan, des lasagnes, de la béchamel… et terminez par de la béchamel parsemée de parmesan. Enfournez à 180 °C (th. 6) pendant 30 minutes avant de servir.

Notre conseil : à la place de l'eau, vous pouvez utiliser 1 tablette de bouillon de volaille et 1 verre de vin rouge pour faire cuire la viande.

PÂTES AU SAUMON ET POUSSES D'ÉPINARDS

8 pers. Préparation : 15 min Cuisson : 20 min

500 g de farfalle • 150 g de pousses d'épinards • 3 échalotes • 400 g de saumon frais • 4 cuil. à soupe d'huile d'olive • 10 cl de vin blanc sec • 25 cl de crème fraîche liquide entière • sel • poivre

Réalisation

Coupez le saumon en cubes de 2 à 3 cm de côté. Épluchez et hachez les échalotes. Faites cuire les pâtes dans un grand volume d'eau salée selon les indications du fabricant.

Pendant ce temps, dans une grande poêle, faites revenir rapidement les cubes de saumon avec l'huile d'olive bien chaude. Salez et poivrez. Retirez ensuite le saumon, l'excédent de gras de la poêle et mettez les échalotes. Laissez cuire 2 à 3 minutes en remuant fréquemment jusqu'à ce qu'elles deviennent translucides. Versez alors le vin blanc, laissez réduire presque à sec puis versez la crème fraîche et portez à ébullition. Faites réduire d'1/3 avant d'ajouter le saumon et laissez encore cuire 1 à 2 minutes.

Égouttez les pâtes, mélangez-les avec les pousses d'épinards, le saumon et servez aussitôt.

PÂTES NOIRES À LA ROQUETTE

8 pers. **Préparation : 15 min** **Cuisson : 10 min**

500 g de pâtes noires à l'encre de seiche • 8 tomates allongées roma • 1 oignon nouveau • 4 cuil. à soupe d'huile d'olive • 150 g de roquette • sel • poivre

Réalisation

Ébouillantez les tomates pendant 1 minute. Retirez la peau, coupez-les en 4 afin de retirer les graines, puis coupez la chair en petits dés. Salez ces dés et versez-les dans un tamis afin qu'ils perdent leur eau. Coupez le vert de l'oignon et émincez-le en très fines rondelles. Dans un saladier, mélangez la roquette, le vert de l'oignon, du sel, du poivre, les dés de tomate et l'huile d'olive. Gardez au frais.

Pendant ce temps, faites cuire les pâtes dans un grand volume d'eau salée. Égouttez-les et servez-les très chaudes. Répartissez par-dessus la roquette à la tomate et dégustez aussitôt.

Notre conseil : vous pouvez bien sûr ajouter un peu de fromage râpé à ce plat. Par ailleurs, pour bien réussir ces pâtes, il est essentiel d'avoir de très bonnes tomates.

GALETTE DE LÉGUMES AU LARD FUMÉ ET MESCLUN

8 pers. Préparation : 15 min Cuisson : 30 min

1 kg de pommes de terre bintje • 4 carottes • 2 navets • 20 cl de crème fraîche épaisse • 250 g de lardons fumés • 3 œufs • 1 botte de persil plat • 6 cuil. à soupe d'huile végétale pour la cuisson • 400 g de mesclun ou de mélange de jeunes pousses • 4 cuil. à soupe de vinaigre balsamique • 10 cuil. à soupe d'huile d'olive • sel • poivre

Réalisation

Nettoyez, effeuillez et hachez le persil. Épluchez les pommes de terre, les navets et les carottes et coupez-les en tronçons. À l'aide d'une râpe fine, râpez les pommes de terre, puis pressez-les pour retirer l'eau. Faites de même pour les carottes et les navets. Mettez les légumes dans un saladier avec le persil. Ajoutez aux légumes la crème et les œufs, salez, poivrez et mélangez bien. Dans une poêle, faites chauffer l'huile végétale. Commencez par y faire cuire les lardons. Quand ils sont bien dorés, versez les légumes, tassez bien pour former une galette. Laissez cuire à feu doux et à couvert 15 minutes. Faites glisser la galette sur une grande assiette. Recouvrez l'assiette de la poêle à l'envers, retournez le tout et laissez à nouveau cuire 15 minutes à feu doux. Servez chaud. Dans un saladier, mélangez l'huile d'olive, le vinaigre balsamique, du sel et du poivre, ajoutez le mesclun et servez avec la galette.

Notre conseil : vous pouvez remplacer le lard par de petits dés de jambon cru ou même de jambon blanc.

TAJINE D'AGNEAU AUX POMMES DE TERRE, CONFIT D'OIGNONS ET ABRICOTS

8 pers. **Préparation : 25 min** **Cuisson : 1 h 30**

2 kg d'épaule d'agneau coupée en cubes avec les os concassés • 4 oignons nouveaux • 4 gousses d'ail • 5 cm de gingembre • 2 kg de pommes de terre • 12 oignons blancs • 75 g de beurre • 8 cuil. à soupe de cassonade • 600 g de pruneaux dénoyautés • 200 g d'amandes entières • 4 cuil. à soupe de ras-el-hanout • 4 cuil. à soupe d'huile d'olive • sel • poivre

Réalisation

Épluchez et hachez les oignons nouveaux, l'ail et le gingembre. Dans une grande cocotte, faites chauffer de l'huile. Faites-y dorer les cubes d'agneau après les avoir salés et poivrés. Retirez la viande et l'excédent de gras, puis faites dorer à feu vif l'ail, le gingembre et les oignons nouveaux en remuant fréquemment. Ajoutez les épices, puis la viande. Mélangez bien le tout, puis couvrez largement d'eau. Portez à ébullition et laissez cuire à feu moyen pendant 45 minutes. Au bout de ce temps, ajoutez les pruneaux et les amandes, et laissez à nouveau cuire 30 minutes. Vérifiez l'assaisonnement et la cuisson de la viande. Elle doit être fondante.

Épluchez les pommes de terre et les oignons blancs. Faites cuire les pommes de terre dans une casserole remplie à moitié du bouillon de la viande et d'eau salée. Coupez les oignons en fines rondelles et mettez-les dans une casserole avec le beurre. Faites-les suer (ils doivent devenir translucides), puis ajoutez la cassonade et laissez caraméliser 5 minutes. Prenez alors 2 louches de bouillon et versez sur les oignons. Baissez le feu et laissez mijoter jusqu'à ce que le bouillon soit presque complètement absorbé par les oignons. Vérifiez l'assaisonnement. Servez le tajine bien chaud avec les pommes de terre fondantes et le confit d'oignons fumant.

Notre conseil : au Maroc, on sert souvent les tajines avec du pain à la semoule épais. On dispose sur les tables du sel et, à la place du poivre, on met un petit ramequin de cumin en poudre et un autre de cannelle en poudre.

RÔTI DE PORC FARCI AUX ABRICOTS ET POMMES GRENAILLES

8 pers. **Préparation : 25 min** **Cuisson : 1 h**

1 rôti de porc dans le filet ou dans l'échine de 1,6 kg • 300 g d'abricots secs • 100 g de pignons de pin • 20 cl de vin blanc sec • 2 cuil. à café de fleur de thym • 2 kg de pommes de terre grenailles, rattes... • 10 gousses d'ail • 2 branches de romarin • 2 feuilles de laurier • 8 cuil. à soupe d'huile d'olive • 25 g de beurre • 15 cl d'eau • sel • poivre du moulin

Réalisation

Coupez les abricots en 4. Dans une poêle, faites griller les pignons. Dès qu'ils commencent à dorer, coupez le feu et retirez-les de la poêle. Mettez-les dans un saladier et ajoutez-y le thym et les abricots. Entaillez le rôti jusqu'au centre et farcissez-le sur toute la longueur avec les abricots. À l'aide d'une ficelle de cuisine, reformez le rôti. Dans une grande cocotte, faites chauffer la moitié de l'huile d'olive. Faites-y dorer le rôti sur toutes les faces, salez, poivrez, puis versez le vin et 15 cl d'eau. Couvrez et laissez

cuire à feu doux pendant 40 minutes. Retirez alors le couvercle et laissez encore 20 minutes de façon à concentrer la sauce.
Pendant ce temps, épluchez et coupez l'ail en gros morceaux. Dans une grande poêle, faites fondre le beurre avec le reste d'huile. Mettez les pommes de terre avec les feuilles de laurier, le romarin, l'ail, du sel et du poivre. Laissez cuire à couvert et à feu moyen pendant 25 minutes en remuant de temps en temps. La pointe d'un couteau doit s'enfoncer sans résistance dans les pommes de terre quand elles sont cuites. Servez-les aussitôt avec le rôti tranché et la sauce.

Notre conseil : vous pouvez farcir le rôti de porc avec d'autres fruits, comme des pruneaux, des marrons, des raisins secs et des pistaches… et pourquoi pas, ajoutez un peu de gingembre confit.

TAJINE D'AGNEAU AUX ABRICOTS

8 pers. **Préparation : 25 min** **Cuisson : 1 h 30**

2 kg d'épaule d'agneau • 2 oignons • 2 gousses d'ail • 2 cm de gingembre • 3 courgettes • 3 carottes • 400 g de semoule de blé • 250 g d'abricots secs moelleux • 125 g d'amandes entières • 2 cuil. à soupe de ras-el-hanout • 4 cuil. à soupe d'huile d'olive • sel • poivre

Réalisation

Épluchez et hachez les oignons, l'ail et le gingembre. Épluchez les carottes, éboutez les courgettes et coupez carottes et courgettes en tronçons. Dans une grande cocotte, faites chauffer de l'huile. Détaillez la viande en cubes et faites-les dorer après les avoir salés et poivrés. Retirez la viande, puis mettez à dorer à feu vif l'ail, le gingembre et les oignons en remuant fréquemment. Ajoutez les épices et remettez la viande. Mélangez bien le tout, puis couvrez d'eau. Portez à ébullition et laissez cuire à feu moyen pendant 45 minutes.

Au bout de ce temps, ajoutez les courgettes, les carottes, les abricots et les amandes, et poursuivez la cuisson 30 minutes. Vérifiez l'assaisonnement et la cuisson de la viande. Elle doit être fondante. Préparez la semoule selon les indications du fabricant et servez le tout bien chaud.

POULET RÔTI EN CROÛTE DE SEL, PURÉE MAISON

8 pers. **Préparation : 25 min** **Cuisson : 2 h 30**

1 gros poulet fermier de 2 kg • 3 kg de gros sel de mer • 3 œufs • 1 cuil. à soupe de poivre noir en grains • 1 bouquet de thym • 1 citron jaune • 2 kg de pommes de terre • 150 g de beurre doux • 20 cl de lait entier • sel • poivre

Réalisation

Préchauffez le four à 200 °C (th. 6-7). Dans un grand saladier, mélangez le gros sel et les grains de poivre. Ajoutez les 3 œufs préalablement battus et mélangez bien. Versez le jus du citron et conservez la peau. Insérez à l'intérieur du poulet le bouquet de thym et fermez à l'aide des écorces de citron, pour éviter que du sel ne rentre dans le poulet. Dans un grand plat allant au four ou sur une plaque, déposez une feuille de papier aluminium, mettez ensuite ⅓ du gros sel. Posez le poulet puis recouvrez-le de gros sel. Appuyez bien de façon que l'ensemble soit compact. Enfournez pendant 2 heures. Au bout de ce temps, laissez-le reposer 15 minutes à l'air libre avant de le servir après avoir cassé la croûte de sel.

Préparez la purée. Faites cuire dans de l'eau salée les pommes de terre avec la peau. Quand la pointe d'un couteau s'y enfonce sans résistance, égouttez-les, laissez tiédir. Coupez le beurre en morceaux et laissez-le au frais. Épluchez les pommes de terre et passez-les au moulin à légumes à grille fine. Remettez la purée dans une casserole et posez sur le feu pendant 4 à 5 minutes sans cesser de remuer. Toujours en fouettant, ajoutez le beurre petit à petit, puis le lait bouillant. Salez et poivrez. Servez rapidement.

Notre conseil : n'utilisez surtout pas de mixeur pour réaliser votre purée. Si vous ne possédez pas de moulin à légumes, contentez-vous d'écraser les pommes de terre à la fourchette. Vous pouvez aussi mettre du beurre demi-sel plutôt que du doux.

Desserts

CRÈMES CARAMEL À LA FÈVE TONKA

8 pers. **Prép. : 35 min** **Cuisson : 30 min** **Réfrigération : 3 h**

1 l de lait entier • 6 œufs • 150 g de cassonade • 150 g de sucre semoule • 1 fève tonka • 2 gousses de vanille

Réalisation

Préchauffez le four à 190 °C (th. 6-7) et placez-y un plat creux avec de l'eau bouillante. Dans une casserole, versez le lait, ajoutez les gousses de vanille coupée en 2 dans le sens de la longueur. Portez à ébullition. Retirez du feu. Concassez la fève tonka et ajoutez-la au lait. Laissez infuser pendant 30 minutes. Fouettez ensemble la cassonade et les œufs pendant 3 à 4 minutes. Dans une casserole, mettez le sucre avec quelques cuillerées à soupe d'eau. Mettez sur feu moyen et faites un caramel d'une belle couleur blonde. Versez ensuite dans des petits moules ou des ramequins.

Versez le lait au travers d'un tamis sur les œufs et mélangez bien. Coulez dans les ramequins et enfournez au bain-marie pendant 20 minutes. Pour vérifier la cuisson, plantez un couteau dans une crème, la lame doit ressortir humide mais propre. Gardez pendant 3 heures au réfrigérateur avant de servir.

Notre conseil : surtout, ne faites pas noircir ou même brunir votre caramel, car cela serait très amer.

CHARLOTTE À LA FRAMBOISE

8 pers. **Prép. : 30 min** **Cuisson : 5 min** **Réfrigération : 6 h**

1 vingtaine de biscuits roses de Reims • 600 g de framboises • 80 g de sucre semoule • 20 g de sucre glace • 40 cl de crème fraîche liquide entière • 4 feuilles de gélatine • 2 cuil. à soupe de kirsch (eau-de-vie de cerises) ou de rhum blanc • 2 cuil. à soupe d'eau • coulis de fruits rouges

Réalisation

Mettez les feuilles de gélatine dans un bol d'eau froide pour les ramollir. Nettoyez les fruits, retirez le pédoncule. Mettez-en une quinzaine de côté pour la décoration finale. Passez le reste des framboises au mixeur avec le sucre semoule. Séparez le coulis en 2. Prenez-en ⅕ que vous utiliserez pour tremper les biscuits. Le reste servira à élaborer la mousse.
Préparez la mousse. Faites bouillir l'équivalent d'1 verre de coulis dans une casserole. Coupez le

feu et ajoutez la gélatine. Mélangez avec le reste du coulis et laissez refroidir. Pendant ce temps, versez dans un saladier la crème fraîche, le sucre glace et montez en chantilly à l'aide d'un batteur électrique. Quand votre chantilly est bien épaisse, ajoutez le coulis et mélangez bien.

Préparez ensuite le sirop de trempage et la charlotte. Prenez le coulis que vous avez mis de côté, ajoutez 2 cuillères à soupe d'eau ainsi que le kirsch ou le rhum. Graissez légèrement le fond d'un moule à charlotte. Trempez un à un les biscuits côté non sucré dans le sirop. Tapissez le pourtour de votre moule des biscuits (face sucrée contre le moule). Versez ensuite la mousse de framboises et refermez la charlotte en recouvrant la mousse d'une série de biscuits.

Mettez la charlotte au réfrigérateur au moins 6 heures. Pour la démouler, posez le moule quelques secondes dans l'eau chaude et retournez-le sur un plat de service. Décorez avec les framboises entières et servez aussitôt avec un coulis de fruits rouges.

Notre conseil : faites une charlotte au chocolat en utilisant la recette de la mousse au chocolat (p. 111), à laquelle vous ajoutez, dans la crème bouillante, 2 feuilles de gélatine égouttée.

SALADE DE FRAISES, TOMATES ET CERISES

8 pers. **Préparation : 20 min**

500 g de fraises • 300 g de cerises • 250 g de tomates cerises type cœur de pigeon • 1 citron vert • 4 cuil. à soupe de cassonade

Réalisation

Nettoyez et équeutez les fraises. Coupez-les en 2 ou en quartiers si elles sont trop grosses. Dénoyautez les cerises après avoir les avoir rincées. Nettoyez les tomates et égouttez-les avant de les couper en 2.

Dans un saladier, regroupez les fraises, les cerises, les tomates, la cassonade et pressez par-dessus le citron afin de récupérer le maximum de jus. Mélangez bien et servez aussitôt ou conservez au réfrigérateur.

Notre conseil : vous pouvez remplacer une partie du jus de citron vert par du vinaigre balsamique. Faites néanmoins un test dans un petit bol pour être sûr(e) que le goût vous conviendra.

FONTAINEBLEAU AU COULIS DE FRUITS ROUGES

8 pers. **Prép. : 20 min** **Congélation : 1 h** **Réfrigération : 2 h**

25 cl de coulis de fruits rouges • 1 kg de fromage blanc en faisselle égoutté • 25 cl de crème fraîche liquide • 50 g de sucre semoule • 2 gousses de vanille • 10 galettes bretonnes ou spéculoos

Réalisation

Répartissez le coulis de fruits rouges dans de jolis verres et entreposez-les pendant 1 heure dans votre congélateur. Coupez les gousses de vanille en 2 dans le sens de la longueur et, à l'aide d'un couteau ou d'une cuillère, retirez les graines et mélangez-les avec le sucre.

Montez la crème fraîche en chantilly avec le sucre à la vanille. Liez la chantilly avec le fromage blanc et versez le tout sur le coulis de fruits rouges dans les verres. Laissez ensuite reposer 2 heures au réfrigérateur. Juste avant de servir, concassez les biscuits sur le fromage blanc et servez aussitôt.

Notre conseil : vous pouvez réaliser cette recette avec d'autres coulis : de fruits exotiques, d'abricots ou de pêches.

COMPOTES DE POMMES, CHANTILLY À LA CANNELLE

8 pers. **Préparation : 20 min** **Cuisson : 15 min**

1 kg de pommes golden • 3 cuil. à soupe de raisins secs • 50 g de beurre demi-sel • 50 g de cassonade • 10 cl de crème fraîche liquide entière • 100 g de mascarpone • 1 cuil. à café de cannelle • 1 cuil. à soupe de sucre semoule

Réalisation

Mettez les raisins secs à tremper dans un bol d'eau chaude. Épluchez puis coupez les pommes en quartiers. Retirez le cœur et coupez ensuite les quartiers en gros morceaux. Dans une poêle, faites fondre le beurre avec la cassonade. Lorsqu'il est bien chaud, ajoutez les raisins égouttés et les pommes. Faites cuire 15 minutes à feu doux et à couvert. Lorsque les pommes sont cuites, écrasez-les grossièrement à la fourchette. Laissez tiédir.

À l'aide d'un batteur, montez la crème fraîche et le mascarpone en chantilly avec la cannelle et le sucre semoule. Répartissez la compote de pommes tiède dans de jolis bols et posez par-dessus une belle cuillère à soupe de chantilly.

Quelques idées de menu

On revisite les classiques

Carottes râpées à la coriandre, citron vert et raisins
Poulet rôti en croûte de sel, purée maison
Salade de fraises, tomates et cerises

En sucré-salé

Sardines, concombre et céleri
Rôti de porc farci aux abricots
Crèmes caramel à la fève tonka

Ils sont presque là !

Salade d'orange à l'oignon rouge
Pâtes au saumon et pousses d'épinards
Compote de pommes, chantilly à la cannelle

C'est le Sud !

Taboulé libanais et tomates au cumin
Fèves au chorizo et basilic
Charlotte à la framboise

Je suis rital et je le reste !

Confit de poivrons, chèvre sec et amandes
Pâtes noires à la roquette
Charlotte au chocolat

RECETTES POUR NOURRIR SA FAMILLE SANS CASSER SA TIRELIRE

•

Entrées

ŒUFS COCOTTE

4 pers. **Préparation : 5 min** **Cuisson : 10 min**

4 œufs extra-frais • 15 cl de crème fraîche épaisse • 1 noix de muscade • 1 noix de beurre • sel • poivre

Réalisation

Beurrez généreusement 4 ramequins. Au micro-ondes ou dans une casserole, faites chauffer la crème fraîche. Préchauffez le four à 190 °C (th. 6-7).

Déposez 1 cuillère à café de crème dans chaque ramequin. Cassez par-dessus 1 œuf, salez, poivrez, râpez un peu de noix de muscade, puis recouvrez du reste de crème fraîche. Disposez vos ramequins dans un plat allant au four, entourez-les d'eau bouillante et enfournez pendant 10 minutes. Sortez votre plat du four puis servez aussitôt.

Notre conseil : vous pouvez enrichir cette recette avec un peu de fromage, des lardons, du saumon fumé…

SOUPE DE LÉGUMES AUX GERMES DE BLÉ

4 pers. **Préparation : 20 min** **Cuisson : 35 min**

2 tablettes de bouillon de volaille • 100 g de germes de blé • 1 poireau • 1 branche de céleri • 3 carottes • 1 navet • 12 pétales de tomates confites • 4 brins de basilic • 4 cuil. à soupe d'huile d'olive • 2 feuilles de laurier • sel • poivre

Réalisation

Dans une casserole, mettez 1 tablette de bouillon de volaille dans 1 litre d'eau. Portez à ébullition et faites-y cuire les germes de blé pendant 10 minutes. Pendant ce temps, épluchez et coupez le poireau, le céleri, les carottes et les navets en petits dés.
Dans une grande casserole, faites chauffer l'huile d'olive. Faites-y revenir les légumes pendant 5 minutes sans cesser de remuer. Versez alors 1 litre d'eau et ajoutez la tablette de bouillon restante, les feuilles de laurier, un peu de sel et du poivre. Laissez ensuite cuire pendant 20 minutes à feu moyen. Juste avant de servir, ajoutez les feuilles de basilic, les germes de blé et les tomates confites.

Notre conseil : vous pouvez aussi ajouter dans cette soupe des lardons, des petits morceaux de jambon cru ou des croûtons de pain frottés à l'ail.

VELOUTÉ DE TOPINAMBOURS À LA NOISETTE

4 pers. **Préparation : 20 min** **Cuisson : 25 min**

1 blanc de poireau • 800 g de topinambours • 4 gousses d'ail • 20 cl de crème liquide • 4 cuil. à soupe d'huile d'olive • 2 cuil. à soupe d'huile de noisette • sel • poivre

Réalisation

Émincez le poireau. Rincez-le sous l'eau froide et essorez-le. Épluchez l'ail et hachez-le. Mettez le poireau, l'ail et l'huile d'olive dans une grande casserole. Posez sur le feu et laissez cuire 5 minutes en remuant fréquemment.

Épluchez les topinambours. Coupez-les en petits morceaux. Ajoutez-les au poireau, ainsi que la crème. Couvrez d'eau, salez, poivrez et faites cuire pendant 20 minutes.

Mixez longuement la soupe à l'aide d'un robot. Si vous n'en possédez pas, utilisez un moulin à légumes avec une grille très fine. Vérifiez l'assaisonnement et servez dans des bols ou des assiettes creuses.

Ajoutez 1 demi-cuillère à soupe d'huile de noisette par assiette avant de déguster.

Notre conseil : vous pouvez utiliser l'huile de noisette en salade ou en vinaigrette avec du poisson, des crustacés ou des fruits de mer.

SALADE DE PASTÈQUE ET FETA

4 pers. **Préparation : 10 min**

2 tranches de pastèque • 200 g de feta • 1 cuil. à soupe de baies roses • 4 cuil. à soupe d'huile d'olive • sel • poivre

Réalisation

Retirez la peau de la pastèque et coupez la chair en gros cubes. Égouttez et coupez la feta en dés. Dans un plat ovale, répartissez la pastèque et la feta. Saupoudrez de sel, de poivre et de baies roses. À la dernière minute, ajoutez l'huile d'olive. Gardez au frais.

Notre conseil : vous pouvez enrichir cette recette avec des rondelles très fines d'oignon rouge et/ou des pignons de pin que vous aurez fait griller dans une poêle sans matière grasse.

TOURTE À LA ROQUETTE

4 pers. **Préparation : 20 min** **Cuisson : 40 min**

300 g de roquette • 2 poireaux • 200 g de feta • 1 botte de persil plat • 1 botte de menthe • 3 œufs • 10 cl de crème fraîche • 1 paquet de feuilles de brick • 6 cuil. à soupe d'huile d'olive • sel • poivre

Réalisation

Retirez le vert foncé des poireaux. Lavez les blancs et émincez-les finement. Dans une poêle, faites chauffer la moitié de l'huile et faites-y revenir les poireaux 5 à 10 minutes jusqu'à ce qu'ils soient translucides. Coupez le feu. Effeuillez et hachez le persil et la menthe. Nettoyez et hachez la roquette. Mélangez ces herbes aux poireaux. Ajoutez les œufs, la feta émiettée et la crème. Salez et poivrez.

Préchauffez le four à 220 °C (th. 7-8). À l'aide d'un pinceau, huilez un moule à tarte et posez 1 feuille de brick. Badigeonnez-la d'huile. Recommencez avec 3 feuilles. Versez la moitié de la purée d'herbes. Posez 2 feuilles de brick huilées et versez le reste des herbes. Recouvrez du reste de feuilles de brick huilées et scellez-les avec le débordement des premières feuilles. Enfournez pendant 30 minutes. Servez chaud.

Notre conseil : vous pouvez ajouter des pignons de pin grillés dans la purée d'herbes et remplacer la feta par de la mozzarella.

ROUGAIL DE CREVETTES

4 pers. **Préparation : 10 min** **Cuisson : 2 min**

8 crevettes crues décortiquées • 2 tomates • 1 petit oignon nouveau • 1 morceau de gingembre de 2 cm • le jus d'½ citron vert • 1 cuil. à soupe d'huile d'olive • sel • poivre

Réalisation

Épluchez et coupez grossièrement le gingembre et l'oignon. Incisez les tomates en forme de croix, puis ébouillantez-les pendant 30 secondes. Pelez-les. Dans le bol d'un mixeur, versez l'oignon, le gingembre et les tomates. Faites tourner afin d'obtenir une purée lisse. Salez, poivrez et ajoutez le jus de citron vert. Dans une poêle, faites chauffer l'huile d'olive. Ajoutez les crevettes et faites-les cuire 1 à 2 minutes de chaque côté. Salez et poivrez. Dans de petits bols ou de petits verres, répartissez le rougail de tomates et ajoutez dessus 2 crevettes par personne.

Notre conseil : si vous n'appréciez pas l'oignon et le gingembre crus, rien ne vous empêche de les faire cuire d'abord avec un peu d'huile, puis d'ajouter la purée de tomates et de laisser cuire le tout pendant 10 à 15 minutes.

VERRINES DE PURÉE DE CÉLERI, CRÈME DE YAOURT

4 pers. **Préparation : 20 min** **Cuisson : 20 min**

¼ de céleri-rave • 2 yaourts à la grecque • 2 cuil. à soupe de crème fraîche épaisse • ½ citron jaune • sel • poivre

Réalisation

Épluchez le céleri-rave. Coupez-le en gros morceaux et faites cuire 20 minutes dans une grande casserole d'eau bouillante salée. Passez le céleri au moulin à légumes muni d'une grille fine. Ajoutez la crème fraîche, du sel et du poivre. Dans un saladier, versez les yaourts et battez-les pendant 5 minutes. Comme ils sont riches en crème, ils vont s'épaissir et devenir plus onctueux. Pressez le citron et ajoutez-le au yaourt. Dans des verres ou des verrines, commencez par mettre une couche de yaourt. Ajoutez par-dessus la purée de céleri et terminez avec du yaourt.

Notre conseil : vous pouvez terminer ces verrines avec de petits lardons grillés chauds.

Plats

SALADE DE PÊCHES ET MAGRET DE CANARD TIÈDE

4 pers. **Préparation : 15 min** **Cuisson : 20 min**

500 g de magret de canard • 200 g de mélange de salades (pousses d'épinards, roquette, mâche, feuille de chêne, rougette...) • 2 pêches jaunes • 2 cuil. à soupe de vinaigre de Xérès • 8 cuil. à soupe d'huile d'olive • 1 cuil. à café de moutarde de Dijon • sel • poivre

Réalisation

Nettoyez et essorez le mélange de salades. Épluchez les pêches, coupez-les en 2, puis en 4. À l'aide d'un couteau, faites des croix sur le gras des magrets de canard. Dans un bol, déliez la moutarde avec le vinaigre, salez, poivrez. Mélangez bien puis ajoutez l'huile.

Dans une poêle à feu moyen, faites cuire les magrets en commençant par le côté gras. Comptez 10 minutes

de cuisson puis retournez-les et laissez à nouveau environ 5 minutes. Retirez la viande de la poêle (vérifiez sa cuisson en coupant un morceau, le magret doit être rosé à cœur), enlevez le surplus de graisse et versez dans la poêle chaude les morceaux de pêche qu'il faut juste faire tiédir. Éteignez le feu et laissez les morceaux de pêche dans la poêle.
Répartissez la salade dans les assiettes, tranchez les magrets de canard et mettez-les en cercle sur la salade. Ensuite, disposez les quartiers de pêche chauds en étoile. Assaisonnez et servez aussitôt.

Notre conseil : vous pouvez faire ce plat froid en remplaçant le magret de canard frais par du magret de canard séché.

SALADE DE THON À LA POMME DE TERRE

4 pers. **Préparation : 15 min** **Cuisson : 25 min**

2 boîtes de thon au naturel • 4 œufs • 1 oignon rouge • 1 kg de pommes de terre • 2 cuil. à soupe de vinaigre de Xérès • 8 cuil. à soupe d'huile végétale • 1 cuil. à café de moutarde de Dijon • sel • poivre

Réalisation

Épluchez les pommes de terre et mettez-les dans une grande casserole remplie d'eau froide salée, portez à ébullition puis comptez 20 minutes de cuisson. Pour vérifier la cuisson, la pointe d'un couteau doit pouvoir s'y enfoncer sans résistance. Retirez-les alors immédiatement de l'eau et coupez-les en rondelles épaisses.

Dans une casserole remplie d'eau bouillante, faites cuire les œufs pendant 5 minutes à la reprise de l'ébullition. Passez les œufs sous l'eau froide, puis épluchez-les et coupez-les en quartiers. Dans un bol, déliez la moutarde avec le vinaigre, salez, poivrez. Mélangez bien puis ajoutez l'huile. Épluchez et coupez en très fines tranches l'oignon.

Dans un saladier, disposez les pommes de terre et décorez avec les quartiers d'œufs, le thon égoutté et émietté, les rondelles d'oignon et assaisonnez avec la vinaigrette.

Notre conseil : vous pouvez bien sûr utiliser du thon à l'huile mais ce sera beaucoup plus riche qu'avec du thon au naturel.

POMMES DARPHIN ET MÂCHE AUX MIETTES DE JAMBON

4 pers. Préparation : 20 min Cuisson : 20 min

1 kg de pommes de terre • 200 g de mâche • 2 cuil. à soupe d'huile végétale • 1 noix de beurre • 2 tranches de jambon sec • 2 cuil. à soupe de vinaigre de Xérès • 8 cuil. à soupe d'huile d'olive • 1 cuil. à café de moutarde de Dijon • sel • poivre

Réalisation

Épluchez les pommes de terre. Essuyez-les bien puis râpez-les le plus finement possible. Mettez dans un torchon et pressez bien afin de retirer l'excédent d'humidité. Dans une poêle, faites fondre le beurre avec l'huile végétale. Lorsqu'elle est bien chaude, mettez les pommes de terre et tassez bien afin de répartir équitablement sur toute la surface de la poêle. Salez

et poivrez, puis laissez cuire 10 minutes à couvert et à feu moyen.
Pendant ce temps, nettoyez et essorez la mâche. Coupez le jambon en tout petits lardons. Dans un saladier, déliez la moutarde avec le vinaigre, salez, poivrez, puis émulsionnez avec l'huile d'olive. Faites glisser la galette de pommes de terre en un seul bloc sur une grande assiette. Recouvrez-la de la poêle et retournez le tout afin d'avoir le côté cru vers le bas. Laissez à nouveau cuire 10 minutes. Mettez la mâche et les miettes de jambon dans le saladier avec la vinaigrette, la galette de pommes de terre – que l'on appelle pommes Darphin – sur une grande assiette et servez aussitôt.

Notre conseil : vous pouvez aussi mettre les petits morceaux de jambon avec les pommes de terre plutôt que dans la salade.

GRATIN DAUPHINOIS

4 pers. **Préparation : 20 min** **Cuisson : 2 h**

1,5 kg de pommes de terre • 1 l de crème fraîche • 50 cl de lait entier • 1 gousse d'ail • 1 noix de beurre • muscade en poudre • sel • poivre

Réalisation

Beurrez généreusement un plat à gratin. Épluchez et hachez l'ail. Préchauffez le four à 190 °C (th. 6-7). Dans une casserole, versez le lait et la crème puis ajoutez du sel, du poivre, l'ail et de la muscade. Portez à ébullition. Pendant ce temps, épluchez les pommes de terre puis coupez-les en tranches de 2 à 3 mm d'épaisseur. Répartissez les pommes de terre dans votre plat à gratin.

Tassez bien les pommes de terre puis arrosez de la crème bouillante. Couvrez d'un papier aluminium et enfournez pendant 1 heure 20. Au bout de ce temps, retirez le papier aluminium et laissez encore cuire 40 minutes. Votre gratin est cuit lorsque la pointe d'un couteau s'y enfonce sans résistance. Servez chaud.

Notre conseil : c'est la vraie recette du gratin dauphinois. Il n'est pas nécessaire d'y ajouter du fromage, car la crème va dorer et gratiner durant la cuisson.

BŒUF BRAISÉ AU VIN

4 pers. **Préparation : 20 min** **Cuisson : 3 h**

800 g de joue de bœuf • 200 g de lard fumé • 75 cl de vin rouge • 3 carottes • 2 oignons • 4 cuil. à soupe d'huile végétale • 1 feuille de laurier • 1 branche de thym • 1 cuil. à café de concentré de tomate • 1 cuil. à soupe de farine • sel • poivre

Réalisation

Préchauffez le four à 190 °C (th. 6-7). Commencez par couper le bœuf en morceaux de 2 cm de côté. Épluchez et coupez en gros morceaux carottes et oignons. Détaillez le lard en lardons. Dans une cocotte, faites chauffer l'huile, puis faites-y dorer les cubes de bœuf. Lorsqu'ils sont bien grillés, ajoutez la farine et mélangez bien. Salez, poivrez, puis versez le vin. Portez à ébullition (si la viande n'est pas recouverte de liquide, n'hésitez pas à rajouter de l'eau). Ajoutez dans la cocotte les carottes, les oignons, la feuille de laurier, le thym et le concentré de tomate. Portez à nouveau à ébullition, couvrez la cocotte puis enfournez pendant 2 heures et demie. Au bout de ce temps, la viande doit être fondante et la sauce un peu réduite et donc plus épaisse. Gardez alors au chaud ou servez aussitôt.

Notre conseil : vous pouvez réaliser cette recette avec du veau ou du porc. Par ailleurs, vous pouvez ajouter à mi-cuisson des petits champignons blancs.

KEFTA DE BŒUF

4 pers. **Préparation : 20 min** **Cuisson : 20 min**

4 œufs • 1 boîte de tomates concassées • 6 cuil. à soupe d'huile d'olive • 1 botte de coriandre
Pour le kefta de bœuf : 500 g de viande de bœuf hachée • 1 petit piment rouge • ½ oignon rouge • 1 gousse d'ail • ½ botte de coriandre • ½ botte de persil plat • 2 cuil. à café de mélange d'épices ras-el-hanout • 2 cuil. à café de cumin en poudre • sel • poivre

Réalisation

Épluchez l'oignon et l'ail. Détaillez-les en petits cubes. Effeuillez et hachez finement les herbes. Retirez le pédoncule du piment, coupez-le en 2 dans le sens de la longueur, retirez les graines puis coupez-le finement. Mélangez tous les légumes et les herbes avec la viande hachée. Assaisonnez avec les épices, salez, poivrez et malaxez longuement pour lier intimement tous les ingrédients. Mouillez-vous les mains et formez une dizaine de petites boules.

Dans une cocotte, faites griller avec l'huile d'olive les boulettes de viande. Lorsqu'elles sont bien dorées, ajoutez la tomate concassée et laissez cuire 10 minutes à feu moyen. Salez, poivrez puis cassez les œufs au milieu des boulettes. Couvrez la cocotte, laissez cuire 5 minutes et servez aussitôt le kefta simplement accompagné de bon pain et saupoudré de coriandre fraîche effeuillée.

Notre conseil : vous pouvez réaliser cette recette avec de la viande hachée d'agneau. Si vous le pouvez, choisissez du pain à la semoule. Vous pouvez aussi remplacer le pain par de la semoule couscous.

RÔTI DE PORC BOULANGER

4 pers. **Préparation : 20 min** **Cuisson : 1 h 30**

1 rôti de porc d'environ 800 g • 2 cuil. à soupe d'huile végétale • 30 cl de vin blanc • 800 g de pommes de terre • 2 oignons • 2 branches de thym • sel • poivre

Réalisation

Préchauffez le four à 190 °C (th. 6-7). Épluchez les pommes de terre et les oignons. Coupez-les en rondelles de 2 à 3 mm d'épaisseur. Dans un plat à gratin,

répartissez en alternance les rondelles de pomme de terre et d'oignon.
Dans une cocotte, faites chauffer l'huile puis faites-y dorer le rôti de chaque côté en salant et en poivrant. Posez-le ensuite sur les pommes de terre et les oignons. Versez le vin blanc dans la cocotte, portez à ébullition en grattant bien le fond, ajoutez le thym et versez le tout sur les pommes de terre. Si le vin ne couvre pas complètement les légumes, ajoutez un petit verre d'eau. Couvrez d'aluminium et enfournez pendant 40 minutes. Au bout de ce temps, retirez l'aluminium, arrosez le rôti et laissez à nouveau cuire 40 minutes. Votre plat est cuit lorsque la pointe d'un couteau s'enfonce sans résistance dans les pommes de terre. Servez chaud.

Notre conseil : vous pouvez réaliser cette recette avec un rôti d'agneau, de veau ou même un poulet.

OMELETTE À LA RATATOUILLE FROIDE

4 pers. **Préparation : 10 min** **Cuisson : 5 à 10 min**

8 œufs extra-frais • 400 g de ratatouille froide • 1 petit verre de lait entier • 1 noix de beurre • 2 cuil. à soupe d'huile végétale • sel • poivre

Réalisation

Dans un bol, cassez les œufs et fouettez-les assez longuement avec le lait, du sel et du poivre. Dans une grande poêle, faites fondre le beurre avec l'huile. Lorsque la poêle est bien chaude, versez les œufs puis laissez cuire 2 minutes avant de commencer, à l'aide d'une spatule, à ramener les bords de l'omelette vers le centre. Continuez ainsi quelques minutes si vous désirez une omelette baveuse. Si vous préférez une omelette bien cuite, laissez cuire à feu doux et à couvert pendant 5 minutes.

Faites glisser votre omelette sur un grand plat et mettez au centre la ratatouille froide. Refermez l'omelette en chausson et servez aussitôt.

Notre conseil : vous pouvez faire des omelettes aux fines herbes ou paysanne (avec des lardons grillés et des rondelles de pommes de terre cuites à la poêle).

LE POT-AU-FEU

4 pers. **Préparation : 30 min** **Cuisson : 3 h 30**

3 branches de thym • 500 g de gîte de bœuf • 500 g de plat de côte de bœuf • 1 morceau de gigot d'agneau désossé de 500 g • 1 oignon • 2 clous de girofle • 1 branche de céleri • 4 grains d'ail • 4 baies de genièvre • 2 anis étoilés • 1 cuil. à café de graines de coriandre • 1 brin de menthe • 1 cuil. à café de poivre mignonnette ou poivre à steak • 4 poireaux • 5 carottes • 4 navets • 12 pommes de terre • 4 os à moelle de 6 cm de long • 1 cuil. à soupe de vinaigre blanc • sel

Réalisation

Épluchez l'oignon et piquez-le avec les clous de girofle. Lavez la branche de céleri. Posez une gaze sur une assiette et mettez-y les grains d'ail non épluchés, les baies de genièvre, les anis étoilés, les graines de coriandre, la menthe et le poivre mignonnette. Repliez les 4 coins de la gaze pour faire un baluchon et fermez-le avec une ficelle.

Mettez la viande de bœuf dans une grande marmite, couvrez de 5 litres d'eau, ajoutez le baluchon d'épices, l'oignon piqué et la branche de céleri. Mettez sur le feu jusqu'à ébullition. Écumez, baissez le feu et laissez cuire à découvert pendant 2 heures. Pendant ce temps, raccourcissez les poireaux au ras du vert

clair, nettoyez-les sous l'eau plusieurs fois, épluchez les carottes et les navets.
Au bout de 2 heures de cuisson du bœuf, ajoutez les légumes préparés et laissez cuire 1 heure et demie à petits bouillons. 30 minutes avant la fin de la cuisson, mettez le gigot d'agneau désossé dans le bouillon. Au même moment, épluchez et faites cuire à l'eau les pommes de terre. Dans une autre casserole, mettez les morceaux d'os à moelle droits, recouvrez d'eau froide, ajoutez le vinaigre et un peu de sel, portez à ébullition, baissez le feu et laissez cuire 25 minutes à feu doux à petits bouillons.
Sortez les viandes et les légumes, tranchez et disposez-les dans un plat. Jetez l'oignon, le céleri et le baluchon d'épices puis servez avec le bouillon, les os à moelle et les pommes de terre.

Notre conseil : servez votre pot-au-feu avec des cornichons, des oignons grelots, toutes sortes de moutardes et pourquoi pas, comme on le fait en Alsace, des crudités.

Desserts

RIZ AU LAIT

4 pers. **Prép. : 10 min** **Cuisson : 50 min** **Réfrigération : 2 h**

100 g de riz rond pour dessert • 1 l de lait entier • 50 g de sucre

Réalisation

Mettez le riz dans un tamis et rincez-le longuement. Dans une casserole, mettez le riz égoutté, ajoutez le sucre, le lait et portez à ébullition. Baissez le feu au minimum et laissez cuire à couvert pendant 50 minutes. Surveillez de temps en temps que le riz n'a pas absorbé tout le lait. Coupez alors le feu et répartissez votre riz dans des ramequins. Laissez refroidir à l'air libre avant de mettre au réfrigérateur, 2 heures.

Notre conseil : vous pouvez parfumer ce dessert, en ajoutant dans le riz une gousse de vanille coupée dans la longueur, ou en mettant dans le fond de vos ramequins un caramel à la fleur de sel. Pour cela, faites fondre 150 g de sucre avec 1 cuillère à café de fleur de sel dans une casserole. Lorsque le caramel a une belle couleur blonde dorée, versez-le dans les ramequins et laissez prendre avant de verser par-dessus le riz bouillant.

ŒUFS AU LAIT À L'ANCIENNE

4 pers. **Prép. : 10 min** **Cuisson : 50 min** **Réfrigération : 3 h**

½ l de lait entier • 1 gousse de vanille • 4 jaunes d'œufs • 2 œufs • 50 g de cassonade • 75 g de sucre semoule

Réalisation

Dans une casserole, faites fondre le sucre semoule avec un petit peu d'eau. Lorsque votre caramel commence à prendre une belle couleur dorée, versez-le immédiatement dans un petit plat à gratin. Préchauffez le four à 190 °C (th. 6-7). Coupez la gousse de vanille en 2 dans le sens de la longueur. À l'aide d'un couteau, retirez les graines à l'intérieur et mélangez-les à la cassonade.

Dans un saladier, battez à l'aide d'un batteur électrique la cassonade avec les jaunes d'œufs et les œufs entiers. Le mélange doit fortement blanchir et devenir un peu mousseux. Dans une casserole, portez à ébullition le lait avec la gousse de vanille, puis retirez-la et versez le lait sur les œufs sans cesser de remuer. Mettez ensuite le lait sur le caramel et enfournez au bain-marie pendant 40 minutes. La pointe d'un couteau enfoncée au centre doit ressortir humide mais propre. Sortez alors le plat du four et placez-le au réfrigérateur pendant 3 heures minimum avant de déguster.

Notre conseil : faites votre recette la veille.

MOUSSE AU CHOCOLAT

4 pers. **Prép. : 10 min** **Cuisson : 5 min** **Réfrigération : 2 h**

2 œufs • 12 cl de lait entier • 10 g de sucre • 120 g de chocolat noir • 1 pincée de sel

Réalisation

Cassez le chocolat en petits morceaux et mettez-les dans un saladier. Faites bouillir le lait, puis versez-le sur le chocolat. Laissez ainsi 2 à 3 minutes avant de fouetter pour homogénéiser le tout.

Séparez les blancs des jaunes d'œufs. Dans un saladier, à l'aide d'un batteur, montez en neige les blancs avec le sucre et le sel. Lorsqu'ils sont bien fermes, ajoutez les jaunes, mélangez à la spatule. Versez ⅓ de cette préparation dans le chocolat. Fouettez vigoureusement, puis reversez dans les œufs. Mélangez alors délicatement votre mousse et versez-la dans 4 verres. Laissez reposer 2 heures au réfrigérateur avant de déguster.

Notre conseil : vous pouvez remplacer le lait par de la crème fraîche et ajouter dans le chocolat fondu 1 noisette de beurre. Par ailleurs, vous pouvez aussi parfumer cette mousse avec 1 pincée de vanille en poudre ou 1 pincée de Nescafé.

SALADE DE FRUITS

4 pers. **Préparation : 15 min**

Idée 1 : 1 ananas • 2 kiwis • 1 grappe de raisin

Réalisation

Épluchez l'ananas puis coupez-le en 4, retirez le cœur. Coupez chaque quartier en 2 puis en petits morceaux. Ajoutez les raisins nettoyés et les kiwis épluchés et coupés en 8.

4 pers. **Préparation : 15 min**

Idée 2 : 1 melon • 1 morceau de pastèque

Réalisation

Coupez le melon en 2, récupérez les graines et mettez dans un tamis. Pressez-les afin d'en récupérer le maximum de jus. Épluchez les moitiés de melon puis débitez-les en petits morceaux. Faites de même avec la pastèque, mélangez le tout et arrosez de jus.

4 pers. **Préparation : 15 min**

Idée 3 : 1 orange • 2 pêches jaunes • 2 pêches blanches

Réalisation

À l'aide d'un petit couteau, épluchez l'orange en retirant la peau et la membrane blanche. Vous ne devez conserver que la chair. Toujours à l'aide d'un couteau, retirez les quartiers. Pressez le cœur pour récupérer le jus et versez-le dans un saladier. Épluchez les pêches, coupez-les en quartiers et ajoutez-les à l'orange et à son jus.

D'autres idées :

- salade de melon aux framboises
- salade de pommes, poires, raisins et oranges

BANANES RÔTIES

4 pers. **Préparation : 10 min** **Cuisson : 30 min**

4 bananes • 15 cl de crème fraîche liquide entière • 2 sachets de sucre vanillé

Réalisation

Préchauffez le four à 200 °C (th. 6-7). Disposez les bananes sur la grille, puis enfournez-les. Au bout de 15 minutes de cuisson, retournez les bananes, qui ont dû noircir, et laissez à nouveau 15 minutes.

Pendant ce temps, montez en chantilly la crème fraîche liquide avec les sachets de sucre vanillé. Quand les bananes sont noires, sortez-les du four. À l'aide d'un couteau, incisez la peau sur toute la longueur. Posez au centre 1 cuillère à soupe de chantilly et servez aussitôt.

Notre conseil : vous pouvez ajouter juste avant de mettre la chantilly 1 cuillère à soupe de rhum blanc sur les bananes.

PAIN PERDU AUX ÉPICES ET AUX FRUITS ROUGES

4 pers. **Préparation : 10 min** **Cuisson : 10 min**

4 tranches de pain de mie épaisses ou de brioche un peu rassise • 1 œuf • 1 cuil. à soupe de cassonade • 5 cl de lait entier • 1 pincée d'épices à pain d'épices • 1 noix de beurre • 1 cuil. à soupe d'huile végétale • 250 g de fraises ou de framboises

Réalisation

Nettoyez et équeutez si cela est nécessaire les fruits. Dans un bol, cassez l'œuf. Ajoutez les épices, le lait et mélangez. Mettez vos tranches de pain ou de brioche dans un petit plat et arrosez avec l'œuf battu.
Dans une poêle, faites fondre le beurre avec l'huile. Lorsque la poêle est bien chaude, mettez-y à dorer les tranches de pain imbibées. Laissez cuire 1 à 2 minutes de chaque côté. Disposez sur des assiettes, couvrez de fruits et saupoudrez de cassonade juste avant de servir.

Notre conseil : vous pouvez ajouter à ce dessert de la chantilly, une boule de glace vanille ou, plus simplement, de la crème fraîche.

Quelques idées de menu

Ce soir, c'est végétarien
Soupe de légumes aux germes de blé
Omelette à la ratatouille froide
Salade de fruits

C'est régressif et c'est bon
Œufs cocotte
Salade de thon à la pomme de terre
Œufs au lait à l'ancienne

Un grand événement
Velouté de topinambours à la noisette
Salade de pêches et magret de canard tiède
Pain perdu aux épices et aux fruits rouges

Du léger après les fêtes
Rougail de crevettes
Omelette aux fines herbes
Salade de fruits

On maîtrise la cuisine française
Verrines de purée de céleri, crème de yaourt
Bœuf braisé au vin
Mousse au chocolat

RECETTES POUR FAIRE LA FÊTE SANS QUE ÇA COÛTE LES YEUX DE LA TÊTE

•

Entrées

BROCHETTES DE CONCOMBRE ET D'ANCHOIS

Pour 20 brochettes **Préparation : 10 min** **Repos : 30 min**

1 concombre • 20 anchois marinés (ce sont des anchois à chair blanche et non pas grise comme les anchois au sel) • 20 piques à brochettes

Réalisation

Nettoyez le concombre. À l'aide d'une cuillère à pomme parisienne, réalisez au minimum 20 billes de concombre (à défaut, coupez le concombre en rondelles épaisses d'1,5 cm, puis coupez chaque rondelle en 4 morceaux). Mettez les billes de concombre dans un tamis et saupoudrez de sel fin. Laissez reposer pendant 30 minutes.

Roulez les anchois sur eux-mêmes. Sur chaque brochette, piquez d'abord un anchois roulé et terminez par une bille de concombre. Gardez au frais.

Notre conseil : vous pouvez aussi ajouter 1 demi-tomate cerise sur chaque brochette.

BROCHETTES DE TOMATE MOZZA

Pour 20 brochettes **Préparation : 10 min**

20 petites boules de mozzarella di bufala (en supermarchés et épiceries italiennes) • 20 pétales de tomates confites ou séchées • 20 olives noires à la grecque dénoyautées • 20 piques à brochettes

Réalisation

Égouttez tous les ingrédients.

Sur chaque pique, enfilez 1 pétale de tomate, puis 1 boule de mozzarella et terminez avec 1 olive noire. Servez immédiatement.

Notre conseil : si vous ne trouvez pas de tomates confites, vous pouvez les remplacer par des tomates cerises.

CAKE TOMATES CONFITES ET THYM

Pour 1 cake **Préparation : 20 min** **Cuisson : 40 min**

200 g de farine • 10 g de beurre pour le moule • 3 œufs • 10 cl d'huile d'olive • 10 cl de lait • 1 pincée de sel • 1 pincée de poivre noir • 1 sachet de levure • 2 cuil. à café de thym frais (idéalement) • 200 g de tomates confites

Réalisation

Préchauffez le four à 200 °C (th. 6-7). Cassez les œufs dans un saladier et battez-les pendant 1 à 2 minutes. Ajoutez-y le sel, le poivre, le thym, l'huile et le lait. Incorporez au fur et à mesure la farine tamisée et la levure afin d'éviter les grumeaux. Ajoutez les tomates confites à la pâte.

Beurrez un moule à cake et versez-y la pâte avant de l'enfourner pour 40 minutes. Sortez le cake du four (assurez-vous qu'il est bien cuit en y plantant la pointe d'un couteau qui doit ressortir sèche) et mettez-le sur une grille.

Notre conseil : vous pouvez ajouter dans cette recette de petits dés de fromage du type feta, mozzarella ou pourquoi pas roquefort.

CRÊPES AU SAUMON

Pour 12 crêpes **Prép. : 15 min** **Repos : 1 h** **Cuisson : 20 min**

50 cl de lait frais entier • 3 œufs + 2 jaunes • 50 g de beurre • 100 g de farine type T45 (dite de froment) • 1 pincée de sel
Pour la garniture : 6 tranches de saumon fumé • 2 yaourts bulgare • 1 cuil. à café de raifort râpé ou de moutarde forte • 2 cuil. à soupe d'aneth haché • sel • poivre

Réalisation

Dans un saladier, mélangez la farine et le sel. Dans un bol, fouettez le lait et les œufs, puis versez sur la farine sans cesser de mélanger. Passez la pâte au travers d'un tamis et ajoutez-y le beurre fondu. Laissez reposer 1 heure au frais.

Préparez la garniture : mélangez les yaourts avec le raifort, l'aneth, du sel et du poivre. Faites chauffer une poêle ou une crêpière graissée à feu moyen, puis versez une petite louche de pâte. Répartissez-la sur toute la surface. Retournez la crêpe après 1 ou 2 minutes de cuisson et laissez cuire encore 1 ou 2 minutes. Mettez 1 demi-tranche de saumon par crêpe, ajoutez 1 cuillère à café de garniture puis roulez chaque crêpe avant de la servir.

Notre conseil : vous pouvez remplacer le saumon par de la truite fumée, qui est un produit aussi bon et moins cher.

CRÊPES AU JAMBON CRU

Pour 12 crêpes **Prép. : 15 min** **Repos : 2 h** **Cuisson : 30 min**

25 cl de lait • 1 œuf • 50 g de beurre demi-sel • 250 g de farine de sarrasin (ou de blé noir) • 2 pincées de sel
Pour la garniture : 6 tranches de jambon cru • 12 œufs • 200 g de comté • 100 g de cerneaux de noix • sel • poivre

Réalisation

Dans un saladier, mélangez la farine et le sel. Battez les œufs et mélangez-les avec le lait, le beurre fondu et 2 ou 3 verres d'eau (comptez au moins 40 cl). Versez alors sur la farine sans cesser de mélanger. Passez au travers d'un tamis et laissez reposer 2 heures minimum. La pâte doit être un peu plus liquide qu'une pâte à crêpes classique afin de bien s'étaler dans la poêle ou dans la crêpière.

Détaillez le jambon cru en petits lardons. Faites chauffer la poêle ou la crêpière à feu moyen. Ajoutez le beurre, graissez bien toute la surface de la poêle, puis versez une louche de pâte. Répartissez-la sur toute la surface. Cassez l'œuf au milieu de la galette, baissez le feu et saupoudrez de fromage. Salez, poivrez et laissez cuire jusqu'à ce que le blanc d'œuf ait coagulé. Mettez le jambon autour du jaune d'œuf, puis les cerneaux de noix et repliez les bords de la galette. Servez aussitôt.

Notre conseil : réalisez des crêpes au saumon fumé en les accompagnant d'une sauce au yaourt type bulgare, à l'aneth et au raifort râpé.

CLUBS AU SAUMON FUMÉ ET CITRON VERT

Pour 16 miniclubs **Préparation : 10 min**

8 tranches de pain de mie aux céréales • 4 tranches de saumon fumé • 1 citron vert non traité • 150 g de fromage frais type Saint-Môret® • poivre

Réalisation

Nettoyez le citron sous l'eau froide. Râpez-le afin de recueillir le zeste, puis pressez-en la moitié. Dans un bol, mélangez le jus, le zeste et le fromage. Poivrez légèrement.

Étalez le fromage sur une tranche de pain puis posez 1 tranche de saumon. Étalez une nouvelle couche de fromage sur une tranche de pain et refermez votre club, le saumon pris entre 2 couches de fromage. Coupez vos clubs en 4 triangles et servez aussitôt ou gardez au frais.

Notre conseil : vous pouvez remplacer le citron vert par du raifort et de l'aneth.

CLUBS AU POULET TANDOORI ET CHUTNEY À LA MANGUE

Pour 16 miniclubs **Prép. : 10 min** **Repos : 30 min** **Cuisson : 10 min**

8 tranches de pain de mie aux céréales • 2 blancs de poulet • 1 petite botte de coriandre • 1 yaourt à la grecque • 1 pot de chutney à la mangue • 1 cuil. à soupe de mélange d'épices tandoori • 4 cuil. à soupe d'huile d'olive • sel • poivre

Réalisation

Dans un bol, mélangez l'huile et le mélange tandoori, salez, poivrez. Ajoutez le poulet, mélangez bien et laissez mariner 30 minutes. Dans une poêle chaude, faites cuire le poulet à couvert (comptez 5 minutes de chaque côté à feu moyen). Laissez-le tiédir puis coupez-le en tranches fines.

Sur une tranche de pain, étalez 1 grosse cuillerée à

café de chutney. Recouvrez de poulet. Effeuillez de la coriandre et parsemez-en le poulet. Terminez en étalant sur une autre tranche de pain 1 cuillerée à soupe de yaourt qui servira à coller la coriandre sur la tartine. Coupez vos clubs en 4 triangles et servez aussitôt ou gardez au frais.

Notre conseil : utilisez un couteau bien aiguisé pour coupez vos sandwichs.

CLUBS RADIS ROQUETTE

Pour 16 miniclubs **Préparation : 10 min**

8 tranches de pain de mie complet • ½ botte de radis • 1 poignée de roquette • 150 g de fromage frais de type Saint-Môret® • poivre du moulin • sel

Réalisation

Nettoyez et retirez les fanes des radis. Râpez-les finement à l'aide d'un robot ou d'une râpe adéquate et versez dans un tamis avec 1 pincée de sel afin qu'ils perdent un peu de leur eau. Lavez et essorez la roquette.

Étalez du fromage frais sur une tranche de pain. Mettez un peu de poivre du moulin, les radis râpés et de la roquette. Tartinez à nouveau un peu de fromage sur le pain et refermez votre sandwich. Pressez-le légèrement afin de bien lier, coupez chaque club en 4 triangles et servez aussitôt.

Notre conseil: vous pouvez enrichir cette recette en y ajoutant quelques cerneaux de noix concassés.

GASPACHO DE TOMATES

6 pers. **Préparation : 15 min** **Réfrigération : 1 h**

1 kg de tomates cœur-de-bœuf • 1 mini concombre • ½ poivron rouge • 1 oignon nouveau • 2 tranches de pain de campagne rassis • 3 cuil. à soupe de vinaigre de Xérès • 15 cl d'huile d'olive • sel • poivre

Réalisation

Épluchez le concombre. Retirez le vert de l'oignon et épluchez le blanc. Dans le bol d'un mixeur, concassez le pain et arrosez-le d'huile d'olive et de vinaigre de Xérès. Ébouillantez les tomates pendant 1 minute puis pelez-les avant de les couper en gros morceaux et de les mettre dans le mixeur. Ajoutez le demi-poivron rouge, le concombre et l'oignon. Actionnez le robot pendant 2 à 3 minutes afin d'obtenir une soupe bien lisse. Vérifiez l'assaisonnement et, si elle est trop épaisse, ajoutez-y un peu d'eau. Gardez au frais pendant 1 heure avant de servir.

Notre conseil : vous pouvez ajouter dans cette soupe une dose de safran en poudre. Par ailleurs, vous pouvez garder le vert de l'oignon et le couper en toutes petites rondelles pour la décoration du gaspacho.

Plats

TARTE FENOUIL ET CAROTTE

8 pers. Préparation : 20 min Cuisson : 45 min

4 carottes • 2 bulbes de fenouil • 3 œufs extra-frais • 20 cl de lait • 25 cl de crème fraîche liquide • 1 fromage de chèvre frais • 2 cuil. à soupe d'huile d'olive • 2 pincées de noix muscade en poudre • sel • poivre

Pour la pâte à tarte : 250 g de farine • 125 g de beurre • 5 cl de lait • sel

Réalisation

Préchauffez le four à 210 °C (th. 7). Préparez la pâte à tarte : dans un saladier, mélangez du bout des doigts

la farine et le beurre. Il faut que le mélange devienne sableux. Ajoutez alors le lait, du sel, et mélangez pour obtenir une pâte homogène. Étalez la pâte et disposez-la dans un moule à tarte antiadhésif.
Épluchez et coupez en rondelles les carottes. Retirez les tiges et la première côte du fenouil. À l'aide d'un couteau, coupez-le en très fines lamelles. Dans une casserole, faites chauffer l'huile d'olive puis ajoutez les carottes et le fenouil. Faites cuire à couvert pendant 15 minutes en ajoutant un peu de sel et de poivre. Les légumes doivent être fondants. Égouttez-les puis répartissez-les sur la pâte à tarte.
Dans un bol, fouettez les œufs en omelette. Ajoutez le lait et la crème, le fromage de chèvre émietté puis un peu de sel, la noix muscade et du poivre. Versez sur les légumes. Enfournez pour 30 minutes. Il faut que le dessus de la tarte soit doré. Servez bien chaud.

Notre conseil : si vous avez le temps, il est idéal de faire cuire la pâte à tarte sans garniture. Pour cela, enfournez-la pendant ¼ d'heure après avoir posé au centre de la pâte une feuille de papier sulfurisé recouvert de haricots secs (ceci afin d'éviter que la pâte ne lève).

TARTE À LA TOMATE ET AU COMTÉ

8 pers. **Préparation : 20 min** **Cuisson : 35 min**

10 tomates allongées roma • 1 cuil. à soupe de moutarde de Dijon • 80 g de comté • 2 cuil. à soupe d'huile d'olive • sel • poivre

Pour la pâte à tarte : 250 g de farine • 125 g de beurre • 5 cl de lait • sel

Réalisation

Préchauffez le four à 210 °C (th. 7). Préparez la pâte à tarte : dans un saladier, mélangez du bout des doigts la farine et le beurre. Il faut que le mélange devienne sableux. Ajoutez alors le lait, du sel, et mélangez pour obtenir une pâte homogène. Étalez la pâte et disposez-la dans un moule à tarte antiadhésif. Couvrez votre pâte de papier sulfurisé et versez par-dessus 1 kg de haricots secs. Enfournez pendant 10 minutes, retirez le papier sulfurisé avec les haricots et laissez encore cuire pendant 5 minutes de façon que la pâte dore. Ébouillantez les tomates pendant 1 minute. Épluchez-les et coupez-les en rondelles d'1 cm d'épaisseur. Sur votre pâte, étalez la moutarde de Dijon. Répartissez les tomates en rosace, salez, poivrez, arrosez d'huile d'olive et râpez le fromage sur les tomates. Enfournez pour 20 minutes. Le dessus de la tarte doit dorer. Servez chaud ou tiède.

Notre conseil : vous pouvez ajouter à cette recette des petits lardons grillés ou des petits dés de jambon cru. Vous pouvez aussi remplacer le comté par de la mozzarella ou du parmesan.

SOUPE DE POIS À LA MENTHE

6 pers. **Prép. : 20 min** **Cuisson : 20 min** **Réfrigération : 1 h**

1 grosse pomme de terre • 500 g de petits pois • 2 échalotes • 1 bouquet de menthe • 15 cl de crème fraîche liquide • 1 tablette de bouillon de volaille • sel • poivre

Réalisation

Épluchez et coupez en gros morceaux la pomme de terre, épluchez les échalotes, puis mettez le tout dans une casserole. Couvrez d'eau froide, ajoutez la tablette de bouillon et portez à ébullition. Laissez cuire 10 minutes.

Ajoutez les petits pois à la soupe. Laissez cuire à nouveau 5 minutes puis mettez la moitié de la menthe, salez, poivrez. Éteignez le feu, puis passez la soupe au moulin à légumes muni d'une grille fine. Rectifiez l'assaisonnement à votre convenance et ajoutez la crème fraîche. Laissez reposer au frais pendant 1 heure. Répartissez la soupe dans des bols ou des assiettes. Effeuillez et hachez le reste de la menthe puis saupoudrez-en la soupe.

Notre conseil : vous pouvez ajouter à cette soupe des petits lardons de jambon cru. Vous pouvez aussi, pour la décorer, garder quelques petits pois entiers cuits que vous mettrez à la fin.

SALADE DE POMMES DE TERRE AU SAUMON FUMÉ ET BAIES ROSES

6 pers. **Préparation : 15 min** **Cuisson : 20 min**

1,2 kg de pommes de terre • 6 tranches de saumon fumé • 10 cl de vin blanc sec • 8 cuil. à soupe d'huile végétale • 1 cuil. à soupe de moutarde Savora® • 1 cuil. à café de baies roses • 1 petit oignon rouge • ½ botte d'aneth • sel • poivre

Réalisation

Épluchez les pommes de terre et mettez-les dans une grande casserole remplie d'eau froide salée. Portez à ébullition et laissez cuire 20 minutes à feu doux. Épluchez et hachez l'oignon. Coupez finement l'aneth.

Coupez les tranches de saumon en bâtonnets de la taille de lardons.
Quand les pommes de terre sont cuites (la pointe d'un couteau doit pouvoir s'y enfoncer sans résistance), égouttez-les, puis coupez-les en grosses rondelles quand elles sont encore chaudes. Mettez-les dans un saladier. Arrosez de vin blanc et laissez refroidir. Assaisonnez d'huile, d'aneth, de moutarde, de baies roses, de sel et de poivre et gardez au frais jusqu'au moment de servir. Décorez alors votre salade avec les lardons de saumon fumé.

Notre conseil : vous pouvez réaliser cette salade sans saumon, ou alors en utilisant d'autres poissons fumés, comme l'anguille, le flétan, le haddock ou la truite.

SALADE DE PÂTES AU MELON, COPPA, TOMATES ET PIGNONS

6 pers. **Préparation : 15 min** **Cuisson : 15 min**

250 g de pâtes multicolores • 250 g de tomates cerises • 1 melon de Cavaillon • 12 tranches de coppa • 3 cuil. à soupe de pignons de pin • 3 cuil. à soupe de vinaigre balsamique • 9 cuil. à soupe d'huile d'olive • sel • poivre

Réalisation

Faites cuire les pâtes al dente. Égouttez-les et rafraîchissez-les sous l'eau froide.

Coupez les tomates cerises en 2. Coupez le melon en 2, retirez les graines, coupez-le ensuite en 4, retirez la peau et coupez la chair en morceaux de 2 cm d'épaisseur. Détaillez la coppa en bâtonnets.

Dans une poêle, faites griller les pignons de pin. Dès qu'ils commencent à dorer, retirez-les de la poêle. Répartissez les pâtes dans des assiettes, ajoutez ensuite les tomates cerises, le melon, la coppa, et assaisonnez avec le vinaigre balsamique, l'huile d'olive, le sel, le poivre, en terminant par les pignons de pin.

Notre conseil : vous pouvez remplacer le melon par de la pastèque et ajouter aussi de la feta ou de la mozzarella.

SALADE DE THON POÊLÉ ET ROQUETTE

6 pers. Préparation : 20 min Cuisson : 20 min

400 g de pâtes courtes (penne, fusilli, papillons, coquillages...) • 300 g de filet de thon rouge • 100 g de roquette • ½ citron jaune • 8 cuil. à soupe d'huile d'olive • 2 cuil. à soupe de thym frais • sel • poivre

Réalisation

Faites cuire les pâtes al dente. Égouttez-les et laissez-les refroidir. Pressez le citron. Lavez et essorez la roquette.
Dans une poêle antiadhésive, faites saisir à feu vif le thon rouge coupé en gros cubes, 5 minutes. Salez et poivrez.
Dans un grand saladier, mettez le jus de citron, l'huile d'olive et le thym haché, salez, poivrez et mélangez bien. Fouettez. Ajoutez le thon, les pâtes et la roquette. Remuez et servez aussitôt.

Notre conseil : c'est une recette que vous pouvez réaliser avec de l'espadon, du saumon ou du thon blanc. Vous pouvez aussi ajouter des rondelles de tomates cerises pour la décoration.

FILETS DE POULET GRILLÉS ET CHUTNEY D'OIGNONS

6 pers. **Préparation : 20 min** **Cuisson : 1 h 10**

6 filets de poulet • 1,5 kg d'oignons rouges • 200 g de sucre • 40 g de beurre • 10 cl de vinaigre de Xérès • 25 cl de vin rouge • 3 cuil. à soupe de sirop de grenadine • 2 cuil. à soupe de crème de cassis • 1 petit bouquet de persil plat • 2 cuil. à soupe d'huile d'olive • sel • poivre

Réalisation

Épluchez et émincez les oignons. Dans une grande casserole, faites fondre le beurre. Quand il est bien chaud, ajoutez les oignons, salez, poivrez et versez le sucre. Couvrez la casserole et laissez cuire 30 minutes en remuant de temps en temps.

Pendant ce temps, faites cuire le poulet. Pour cela, enduisez les filets d'huile d'olive et faites-les griller dans une poêle antiadhésive. Comptez 5 à 7 minutes de chaque côté à feu moyen.

Versez le vin, le vinaigre, le sirop de grenadine et la crème de cassis sur les oignons. Laissez à nouveau cuire 30 minutes à découvert, en remuant régulièrement. Versez la confiture dans un plat allongé et laissez-la refroidir.

Équeutez le persil. Au moment de servir, disposez le poulet sur la confiture et saupoudrez-le de persil.

ROSBIF ET HARICOTS VERTS, SAUCE À LA MOUTARDE

6 pers. **Préparation : 20 min** **Cuisson : 50 min** **Repos : 20 min**

1 rôti de bœuf d'1 kg, sans barde • 1,5 kg de haricots verts • 1 cuil. à soupe de jus de citron • 1 yaourt velouté • 2 cuil. à soupe de crème fraîche liquide • 20 g de beurre • 2 cuil. à soupe de ciboulette • 2 cuil. à soupe de mayonnaise • 1 cuil. à soupe de moutarde à l'ancienne • 2 cuil. à soupe d'huile d'olive • sel • poivre

Réalisation

Préchauffez le four à 220 °C (th. 7-8). Dans une poêle, faites fondre le beurre. Quand il est bien chaud, faites-y dorer le rôti de tous les côtés. Mettez-le ensuite dans un plat allant au four. Salez, poivrez et enfournez pour 20 minutes de cuisson. Au bout de ce temps, sortez le rôti du four, couvrez-le de papier aluminium et laissez-le reposer 20 minutes.

Pendant ce temps, portez de l'eau salée à ébullition et faites-y cuire les haricots pendant 30 minutes environ. Dans un bol, mélangez le yaourt, le jus de citron, l'huile d'olive, la ciboulette hachée, salez et poivrez. Mélangez bien. Quand les haricots sont cuits, égouttez-les et laissez-les refroidir sous un filet d'eau froide. Égouttez-les à nouveau et mélangez-les à la sauce au yaourt. Disposez-les dans un saladier. Dans un bol, fouettez la crème liquide jusqu'à ce qu'elle épaississe. Ajoutez alors la moutarde et la mayonnaise. Salez et poivrez. Découpez le rôti en fines tranches, servez-le avec la sauce à la moutarde et la salade de haricots verts.

Notre conseil : vous pouvez bien sûr remplacer le rosbif par un rôti de porc, du veau ou de l'agneau. Par ailleurs, vous pouvez agrémenter la salade de haricots verts de quelques tomates cerises coupées en 4 et de bâtonnets de carottes cuites à l'eau salée.

FILET MIGNON DE PORC À L'ITALIENNE

6 pers. Préparation : 20 min Repos : 1 h 10 Cuisson : 30 min

2 filets mignons de porc d'environ 500 g • 2 cuil. à café de graines de fenouil • 2 cuil. à café de graines d'anis vert • 10 grains de poivre noir • 4 gousses d'ail • 2 pincées de fleur de sel • 400 g de pousses d'épinards • 2 tranches de lard paysan fumé • 2 cuil. à soupe de vinaigre balsamique • 12 cuil. à soupe d'huile d'olive • sel • poivre

Réalisation

Épluchez l'ail. Dans un moulin à café ou à épices, mettez les épices, la fleur de sel, 6 cuillères à soupe d'huile et les gousses d'ail épluchées. Actionnez et laissez tourner afin d'obtenir une pâte assez lisse. Entaillez sur la longueur les filets mignons de porc et répartissez dessus la pâte d'épices. Laissez reposer 1 heure à température ambiante.

Nettoyez les pousses d'épinards et égouttez-les. Retirez la couenne du lard et coupez-le en lardons. Faites-les cuire quelques minutes dans une poêle chaude. Égouttez-les pour qu'ils perdent un maximum de gras puis mélangez-les aux pousses d'épinards. Au dernier moment, assaisonnez avec le vinaigre balsamique, le reste d'huile, du sel et du poivre.

Préchauffez le four à 200 °C (th. 6-7). Enfournez la

viande pour 25 à 30 minutes, puis laissez-la reposer 10 minutes dans le four éteint avec la porte légèrement entrouverte. Découpez les filets mignons en médaillons avant de les servir avec la salade de pousses d'épinards.

Notre conseil : vous pouvez aussi servir des pâtes avec cette recette italienne, ou encore enrichir la salade en l'agrémentant de pignons de pin et d'un peu de gorgonzola émietté.

Desserts

SMOOTHIE PASSION-FRAMBOISE

6 pers. **Préparation : 10 min**

400 g de framboises • 3 yaourts pressés • 30 cl de lait • 5 fruits de la passion • 3 cuil. à soupe de sucre

Réalisation

Coupez les fruits de la passion en 2. À l'aide d'une cuillère, récupérez les graines et le jus et versez avec les framboises dans un moulin à légumes muni d'une grille fine. Pressez le tout afin de récupérer le maximum de jus. Ajoutez le lait, le yaourt et le sucre. Mélangez et servez bien frais.

D'autres idées :

- jus de clémentines pressées et yaourt
- banane, orange et lait
- banane, kiwi, ananas et lait
- mangue, cardamome, yaourt…

MILK-SHAKE AU CHOCOLAT (LE MEILLEUR)

6 pers. **Préparation : 1 min**

8 boules de glace au chocolat • 50 cl de lait

Réalisation

Dans un blender ou le bol d'un mixeur, versez le lait et les boules de glace. Actionnez pendant 1 minute de façon à obtenir un mélange homogène en couleur et en texture.

D'autres idées :

- 1 banane, 1 verre de lait et 1 boule vanille
- 1 boule vanille, quelques feuilles de menthe et des framboises

- 1 boule vanille, 1 verre de lait et 3 cuillerées de sirop d'érable
- 1 verre de lait, 1 boule de sorbet poire, 1 boule de sorbet pomme

FAR BRETON AU RHUM

6 pers. **Prép. : 15 min** **Cuisson : 45 min** **Réfrigération : 2 h**

100 g de pruneaux dénoyautés • 10 cl de rhum • 30 g de beurre • 250 g de farine • 150 g de sucre • 4 gros œufs • 1 l de lait entier • 1 pincée de sel

Réalisation

Dans un bol, mettez les pruneaux avec le rhum. Laissez reposer le temps de préparer le reste de la recette. Beurrez généreusement un petit plat à gratin. Dans un grand saladier, mélangez la farine, le sucre et le sel puis ajoutez les œufs. Versez ensuite petit à petit le lait sans cesser de remuer pour éviter les grumeaux. Si des grumeaux se forment, passez votre pâte au travers d'un tamis.

Égouttez les pruneaux et répartissez-les au fond du plat. Couvrez de pâte et enfournez pour 45 minutes. Sortez le plat du four, laissez-le refroidir, puis placez-le pendant 2 heures au réfrigérateur avant de déguster.

Notre conseil : vous pouvez remplacer les pruneaux par des raisins secs ou d'autres fruits secs, comme des abricots ou des dattes.

DES CRÊPES

6 pers. **Préparation : 15 min** **Repos : 1 h** **Cuisson : 25 min**

250 g de farine type T45 (dite de froment) • 40 g de sucre • 50 cl de lait • 3 œufs • 40 g de beurre • 1 pincée de sel

Réalisation

Dans un saladier, mélangez la farine, le sel et le sucre. Dans un bol, fouettez le lait et les œufs, puis versez sur la farine sans cesser de mélanger. Passez la pâte au travers d'un tamis et ajoutez-y le beurre fondu. Laissez reposer 1 heure au frais.

Faites chauffer une poêle ou une crêpière graissée à feu moyen, puis versez une petite louche de pâte. Répartissez-la sur toute la surface. Retournez la crêpe après 1 ou 2 minutes de cuisson et laissez cuire encore 1 ou 2 minutes. Garnissez la crêpe au choix avant de servir.

Notre conseil : proposez un choix de garnitures très varié, pour tous les goûts : du beurre demi-sel et de la cassonade, du miel et du citron pressé, du Nutella®, un assortiment de confitures, du sirop d'érable et des framboises…

QUATRE-QUARTS À LA POMME

6 pers. **Préparation : 15 min** **Cuisson : 45 min** **Repos : 1 h**

3 œufs • 180 g de sucre • 180 g de beurre + 10 g pour le moule • 180 g de farine • 2 cuil. à soupe de crème fraîche épaisse • 1 pomme • 1 cuil. à soupe de gelée de coing • 1 pincée de sel

Réalisation

Dans une casserole, faites fondre le beurre. Laissez cuire quelques minutes afin que l'écume blanche disparaisse et qu'il prenne une jolie couleur noisette. Stoppez alors la cuisson et ajoutez la crème fraîche. Séparez les blancs des jaunes d'œufs. Montez les blancs en neige avec le sel. À l'aide d'un fouet, mélangez les jaunes avec le sucre jusqu'à ce que le mélange blanchisse. Ajoutez alors le beurre. Liez bien avant de verser la farine. Mélangez avec ⅓ des œufs en neige. Terminez en versant le reste des blancs et incorporez-les délicatement pour obtenir une pâte homogène. Beurrez un moule à gâteau. Versez la pâte. Épluchez et coupez en quartiers la pomme. Coupez ensuite les quartiers en fines tranches et disposez-les en rosace sur la pâte. Enfournez pour 45 minutes. Le gâteau doit être gonflé et doré, la pointe d'un couteau plantée au milieu doit ressortir propre. Pendant ce temps, faites fondre la gelée de coing avec un peu d'eau dans une casserole. Quand votre gâteau est cuit, badigeonnez à l'aide d'un pinceau les pommes de la gelée de coing.

Notre conseil : c'est une recette classique de quatre-quarts à la pomme, dans laquelle on ajoute de la crème fraîche pour que le gâteau reste bien moelleux. Vous pouvez bien sûr remplacer la pomme par d'autres fruits, comme des poires, de l'ananas, des pêches ou des abricots.

Quelques idées de menu

Pour une soirée au jardin
Brochettes de tomate mozza
Soupe de pois à la menthe
Milk-shake au chocolat

Au coin du feu
Cake tomates confites et thym
Tarte à la tomate et au comté
Flan breton au rhum

On est beaucoup plus que prévu !
Gaspacho de tomates
Salade de pommes de terre au saumon fumé
Flan breton au rhum

Avec les doigts !
Des clubs
Tarte fenouil et carotte
Des crêpes

Fraîch' attitude
Brochettes de concombre et d'anchois
Salade de pâtes au melon, coppa, tomates et pignons
Des smoothies

QUELQUES IDÉES DE PÂTES, VINAIGRETTES ET AUTRES SAUCES

•

PÂTE BRISÉE AUX HERBES

Pour 1 tarte **Préparation : 10 min**

250 g de farine • 125 g de beurre • 1 pincée de sel • 5 cl de lait • des herbes fraîches hachées : 1 botte de basilic, d'estragon, de sauge...

Réalisation

Dans un saladier, mélangez du bout des doigts la farine et le beurre. Il faut que le mélange devienne sableux. Ajoutez alors le lait, le sel, l'herbe choisie et mélangez pour obtenir une pâte homogène. Étalez la pâte et disposez-la dans un moule à tarte antiadhésif.

Notre conseil : utilisez cette variante pour toutes vos tartes salées.

PÂTE À PIZZA

Pour 1 pizza **Préparation : 10 min** **Repos : 30 min**

250 g de farine • 2 cuil. à soupe d'huile d'olive • 20 g de levure fraîche • 1 cuil. à café de sucre semoule • 1 pincée de sel • 5 cl de lait • 1 pincée de thym ou d'origan

Réalisation

Dans un saladier, déliez la levure avec le lait chaud et le sucre. Ajoutez la farine, l'huile d'olive, le thym et, sans cesser de mélanger, versez petit à petit de l'eau tiède pour obtenir une pâte homogène qui ne colle plus aux parois de votre saladier.

Laissez reposer 30 minutes afin que la pâte double de volume, puis étalez-la et garnissez-la.

PÂTE SABLÉE

Pour 1 tarte **Préparation : 10 min**

250 g de farine • 100 g de sucre • 100 g de beurre • 1 œuf • 1 pincée de sel

Réalisation

Dans un saladier, mélangez la farine, le sucre et le sel. Ajoutez l'œuf et mélangez jusqu'à ce que vous obteniez une pâte sableuse homogène. Ajoutez alors le beurre coupé en petits morceaux et intégrez-le à la pâte du bout des doigts jusqu'à ce que vous ayez un ensemble homogène qui n'adhère plus aux parois de votre saladier. Étalez la pâte et disposez-la dans un moule à tarte antiadhésif.

Notre conseil : c'est une recette parfaite pour les tartes aux fruits.

PÂTE SUCRÉE

Pour 1 tarte **Préparation : 10 min**

200 g de farine • 100 g de poudre d'amandes • 100 g de sucre • 130 g de beurre • 1 œuf • 1 pincée de sel

Réalisation

Dans un saladier, mélangez la farine, la poudre d'amandes, le sucre et le sel. Ajoutez l'œuf et mélangez jusqu'à ce que vous obteniez une pâte sableuse homogène. Ajoutez alors le beurre coupé en petits morceaux et intégrez-le à la pâte du bout des doigts jusqu'à ce que vous ayez un ensemble homogène qui n'adhère plus aux parois de votre saladier. Étalez la pâte et disposez-la dans un moule à tarte antiadhésif.

VINAIGRETTE AUX AGRUMES

6 pers. **Préparation : 5 min**

1 petit pomelo rose • 10 cl d'huile d'olive • 1 dose de safran en poudre • sel • poivre de Sichuan (ou un autre poivre parfumé)

Réalisation

Pressez le pomelo. Dans un bol, déliez le safran avec le jus, salez, poivrez, puis versez l'huile. Émulsionnez et gardez au frais.

Notre conseil : cette vinaigrette peut être utilisée sur les salades de légumes ou avec des salades de crustacés. Sa forte quantité en jus en fait une vinaigrette allégée.

VINAIGRETTE À L'HUILE DE NOIX

6 pers. **Préparation : 5 min**

1 cuil. à soupe de moutarde mi-forte • 2 cuil. à soupe de vinaigre de vin • 3 cuil. à soupe d'huile de tournesol ou d'arachide • 3 cuil. à soupe d'huile de noix • sel • poivre

Réalisation

Dans un bol, versez le vinaigre. Délayez le sel. Ajoutez du poivre, puis la moutarde. Mélangez à l'aide d'une fourchette pour émulsionner. Versez pour finir les huiles. Émulsionnez à nouveau.

SAUCE BÉCHAMEL

6 pers. Préparation : 5 min Cuisson : 10 min

30 cl de lait frais entier • 20 cl de crème fraîche liquide • 25 g de beurre • 25 g de farine • 2 pincées de muscade en poudre • sel • poivre

Réalisation

Dans une casserole, faites fondre le beurre avec la farine. Quand le mélange commence à dorer, versez petit à petit le lait et la crème. Portez à ébullition sans cesser de fouetter afin d'éviter les grumeaux. Si jamais il y en avait, n'hésitez pas à passer votre sauce au travers d'un tamis. Assaisonnez avec du sel, du poivre et la muscade.

Notre conseil : réalisez une sauce Mornay à partir d'une sauce Béchamel enrichie de 50 grammes de comté râpé.

SAUCE MOUSSELINE

6 pers. **Préparation : 15 min**

½ citron jaune non traité • 20 cl d'huile de pépins de raisin • 1 œuf • 1 cuil. à soupe de moutarde de Dijon • poivre 5 baies au moulin • sel

Réalisation

Cassez l'œuf et séparez le blanc du jaune. Montez le blanc en neige très ferme avec 1 pincée de sel. Dans un autre saladier, mélangez le jaune d'œuf et la moutarde. À l'aide d'un fouet ou d'un batteur électrique, montez la mayonnaise en versant au fur et à mesure l'huile. Assurez-vous que ce que vous venez de verser est complètement absorbé par l'œuf avant de reverser de l'huile. Pressez le citron et ajoutez-le à la mayonnaise ainsi qu'un peu de sel et de poivre 5 baies. Terminez en ajoutant le blanc d'œuf, fouettez vigoureusement afin d'homogénéiser votre sauce.

Notre conseil : une mayonnaise allégée qui est tout à fait délicieuse avec les asperges, les viandes ou les poissons froids.

INDEX DES RECETTES

À deux
Recettes romantiques sans trop de fric

Recettes du monde entier qui font rêver sans se ruiner

Recettes pour nourrir sa famille sans casser sa tirelire

Recettes pour faire la fête sans que ça coûte les yeux de la tête